开放型经济

PRINCIPLES AND PRACTICE OF OPEN ECONOMY

原理和实务

王志明 著

中国发展出版社
CHINA DEVELOPMENT PRESS

图书在版编目（CIP）数据

开放型经济原理和实务 / 王志明著. —北京：中国发展出版社，2022.7

ISBN 978-7-5177-1305-0

Ⅰ.①开… Ⅱ.①王… Ⅲ.①开放经济 Ⅳ.①F114

中国版本图书馆CIP数据核字（2022）第114236号

书　　名：开放型经济原理和实务
著作责任者：王志明
责 任 编 辑：王　沛
出 版 发 行：中国发展出版社
联 系 地 址：北京经济技术开发区荣华中路22号亦城财富中心1号楼8层（100176）
标 准 书 号：ISBN 978-7-5177-1305-0
经　销　者：各地新华书店
印　刷　者：北京市密东印刷有限公司
开　　本：710mm × 1000mm　1/16
印　　张：15.5
字　　数：220千字
版　　次：2022年7月第1版
印　　次：2022年7月第1次印刷
定　　价：68.00元

联 系 电 话：（010）68990630　82097226
购 书 热 线：（010）68990682　68990686
网 络 订 购：http://zgfzcbs. tmall. com
网 购 电 话：（010）88333349　68990639
本 社 网 址：http://www.develpress. com
电 子 邮 件：330165361@qq.com

序　言

苏州市商务局的王志明与我相识有年，是多年的朋友。他的新作《开放型经济原理和实务》即将出版，请我写几句话，我欣然应允。这使我有机会认真学习志明的著作，了解作者的思考和思想轨迹；同时也使我得以再度思考和梳理本书所论述的开放型经济与全球化相关问题，谈谈我本人最近的一些想法，一吐为快。

王志明担任苏州外经贸方面的负责人多年，一直在对外开放和外向型经济一线工作。苏州是我国外向型经济发展的标志性城市之一，一直走在外向型经济发展的前列，取得卓越成就，成为中国的“超级地级市”。志明局长身处其间，参与和经历了这一过程，对中国外向型经济发展的成就与问题，对这一过程的利弊得失，对工作中的酸甜苦辣，亦自知其中三味。志明又是一个勤于思考、乐于读书、长于理性思辨的学者型官员，对改革开放和外向型经济发展、国际经贸格局、中国对外经济关系、经济全球化等诸多问题都有深入思考和独立见解，不人云亦云，不随波逐流。这些在我和他的多次交谈、讨论中都有感受。特别应该提到的是，几年前我带领北大国际商务硕士专业的一批学生到苏州做外向型经济发展和中美贸易摩擦影响的调研，在一起座谈讨论、企业调研和晚餐、散步时，多有交流，深刻领略了他作为学者型官员既不同于学者的纯理论思维，也不同于一般事务型官员就事论事的特点与风格。我觉得，基于自己工作的体会和理论思考成果，由他来写这样一本书是再合适不过的。

本书是在为苏州大学 MBA 学生授课的基础上形成的，也是给 MBA 学生开设课程的教科书。我认为，志明这样一位既有理论素养，又有实践经验的专家是主讲这门课程的不二人选；能够系统聆听这样的专家授课，既获得理论知识，更听到一线专家的实践体会，是同学之幸、学校之幸。我们的应用经济学、工商管理学教育，一个缺陷就是授课教师大多缺乏实践经验，流于照本宣科、纸上谈兵，或者用国外的案例加以解说，总归隔着一层，如雾里看花。一些事业有成的企业家和政府官员间或也到大学给学生做一些讲座，虽然不无裨益，但总是不够“解渴”。志明局长身处经济管理工作一线，与外向型企业、外资企业等接触颇多，同时又掌握政策方向，理解宏观大局，他的著作和课程一定会让学子们受益多多。

我仔细研究了本书的内容和结构，它不同于一般的教科书或专著，不是从理论到理论，也不是就事论事，而是原理与实践结合，政策与知识并重，论述与思考兼容。本书前三章“全球化的起因和结果”“全球化的演化和中美贸易摩擦”“中国开放型经济的宏大图卷”，体现了作者的大格局、大视野，使中国的对外开放与外向型经济一开始就作为经济全球化的一个有机部分，其演化决定于中国与世界的互动，绝不是无源之水、无本之木。后面各章，特别是“城市开放型经济发展模式”“开放型经济的转型升级”“招商引资的转型升级”“开放型经济转型升级面临的体制机制障碍”“2020—2030年的城市开放型经济发展模式”等章节，既深刻体现出作者的政策执行者、经济管理者身份的特色，也体现出其思考、探索，不囿于既有政策和既成格局的精神。

中国的改革开放已经历经40余年，中国加入WTO也已经满了20年。几十年来，中国从一个封闭落后的经济体发展成为高度开放的现代化大型经济体。然而，中国的高水平开放和开放型经济体系建设，仍有很长的路要走。世界正在经历百年未有之大变局，我们所面对的世界战略格局发生了根本改变，国际经济环境发生了巨大变化，中国的国际经济地位、利益、诉求也都发生了巨大变化。这与改革开放初期所面对的环境、与中国加入WTO

前后所面临的环境全然不同。在这样一个新时代，新的国际经济和全球战略环境下，我们还要不要坚持对外开放、如何坚持对外开放、要不要建设开放型经济体系，如何建设中国的高水平开放型经济体系，这些都成为问题。有人认为，以国内大循环为主体、国内国际双循环相互促进的新发展格局意味着我们要眼睛向内，减少与外部世界特别是发达经济体经济联系与依赖，形成“万事不求人”的大而全自我循环格局。这样的理解是对党中央所提出的双循环新发展格局的严重误解，在实践中也非常有害。

中国改革开放和外向型经济发展几十年的经验一再证明，深度参与国际分工与全球经济循环对于我国经济发展具有决定性的作用。全球战略与国际经济格局的改变，影响的只是中国与外部世界特别是与发达经济体交往、联系与合作的方式，而不是弱化这种联系本身。中国经济要实现转型升级和高质量发展，不仅不能减少，而且要加强与世界包括发达经济体的联系与交往。新时代，我们需要的对外经贸关系主要不是量的增长，而是质的提升；不是面向外部市场的大规模中低端加工制造，而是有选择、有重点地深化与外部世界的精准关联。在国际经贸关系的形式上，不是单向、被动、从属地依赖发达经济体，而是双向、平等、对等地发展经贸关系；不是单方面依赖发达国家的市场和技术，而是以“技术互换”“市场互换”的形式形成紧密的相互依存关系，即所谓在新规则下的“再挂钩”。而这种新规则下的联系与交往方式，更要求我们对标国际前沿，做好高水平、制度型开放，建设好高标准的开放型经济体系。

不久前我写过一篇文章，总结和展望中国对外开放的历史过程与特征。我把改革开放以来中国经济的对外开放归纳为三次高潮：中国改革开放初期的第一次对外开放高潮，加入 WTO 带来的第二次对外开放高潮，以中国大规模建设高水平自贸试验区和加入 RCEP（区域全面经济伙伴关系协定）、完成中欧 CAI（中欧全面投资协议）谈判、申请加入 CPTPP（全面与进步跨太平洋伙伴关系协定），以及未来完成中美 BIT（双边投资协定）谈判为标志的第三次对外开放高潮。第三次对外开放高潮尚在发展中，完成尚需时日。不过，我们相信，这一过程的完成乃是经济大势、时代潮流，不会因为短期的国际政治干扰、疫情冲击以及人为因素而改变，就如同我们不怀疑经济全球化大潮会转几个弯、遇几次礁而最终继续前行一样。从这个意义上讲，建设高水平开放型经济体系的过程永远不会完结，对它的探索和思考也永远不会停止。本书的意义，也就自在其中了。

王跃生

北京大学经济学院国际经济与贸易系主任，二级教授

自　序

本书所阐述的开放型经济原理具有系统性和逻辑性，是作者原创性地思考和整理归纳的结果；把经济全球化作为开放型经济原理的核心内容，又体现了现实性和时代性。作者认为，只有清楚地了解开放型经济原理，才能真正理解世界经济政治的运行机制和中国改革开放40多年来经济持续强劲增长的动力机制以及与中美贸易摩擦、开发区建设、招商引资、深化改革、创新驱动相关的问题。

开放型经济是以开放作为主动力因素的经济发展模式。但讨论人类经济发展的动力，有必要区分原动力和传递动力。在我看来，世界经济增长的原动力来自于科技创新、制度设计、结构优化和资源利用。开放本身并非原动力，而是动力传递途径。从动力机制的角度而言，开放型经济就是通过开放来承接原动力的传递，并通过开放过程中的结构优化来放大经济增长的动力。如果中国经济增长的绝对值占到世界的30%，我们可以说，中国带动了30%的世界经济增长，但这并不意味着世界经济增长的30%的原动力来自于中国，因为乔布斯在智能手机上的原始创新以及马斯克在电动汽车上的原始创新所形成的原动力，很大一部分通过投资和贸易体现在了中国经济增长的绝对值中。开放所传递和承接的发展动力时常甚至超过具体的原动力本身，因为开放传递了若干原动力的合力，开放因对于结构优化和开放创新的作用还放大了原动力。正因如此，开放其实就是承接和放大发展的动力传递。特别对于落后经济体来说，开放型经济发展模式对于经济发展的驱动还进一步添加了境内外发展势能落差所给予的能量。

同样在经济全球化的大好背景下，中国发展经济的成效远高于俄罗斯、阿根廷、墨西哥等众多国家。因此开放型经济原理需要从外因和内因两个维度来阐述。本书在阐述中国快速发展的内因时，主要是分析中国共产党的领导和决策因素以及中国各个城市的主动积极的实践，并没有专门分析人口红利、城乡二元结构等既有的静态因素，因为它们既非关键，也不具有主观能动性。作者认为：主动积极的作为和决策才是关键，才值得分析归纳总结。同时，作者期望，如果能够从内外因两方面全面理解开放型经济原理，关于国际地缘政治的偏左和偏右的观点和言论也许会大量减少。

开放的作用不仅是传递经济发展的动力，而且可推动改革和创新，从而放大甚至产生新的经济发展的原动力。改革涉及制度设计、结构优化和更合理的资源利用，因此改革也是经济增长的原动力。科技创新毫无疑问是经济发展的主动力。本书用很大篇幅来论述开放对改革和创新的推动作用。在改革部分，本书深入分析贸易和投资，专章研究分析金融改革、专章分析当前的体制机制障碍。在创新部分，本书聚焦开放创新。

本书汇集了作者关于开放型经济的实际工作经验和系统性思考，可以为从事开发区建设、招商引资、国际市场营销、金融、公共管理等工作提供参考。

王志明

2022 年 3 月 1 日

目　录

第一章　全球化的起因和结果

第二章　全球化的演化和中美贸易摩擦

第三章　中国开放型经济的宏大图卷

第四章　开放推动改革和创新

第五章 金融改革研究

第六章 城市开放型经济发展模式

第七章　开放型经济的转型升级

第八章　招商引资的转型升级

第九章 开放型经济转型升级面临的体制机制障碍

第十章 2020—2030 年的城市开放型经济发展模式

第一章

全球化的起因和结果

现代的开放型经济由于建筑于经济全球化的基础之上，因此格外易于实施和取得成功。本章第一节分析全球化的机理，指出贸易在全球化中的特殊作用；第二节揭示作为全球化必要条件的贸易畅通是如何实现的；第三节讲述人类为什么要追求贸易畅通；第四节讲述国际收支平衡及其如何制约一个国家的贸易逆差，揭示贸易壁垒的必然性；第五、第六节分析 WTO 对消除国际贸易壁垒和造成经济全球化方面所起的关键作用；最后一节，分析全球化的结果。

第一节　经济全球化的充分必要条件

我们用一个思想实验来推断经济全球化的充分必要条件。

设想在地球上实施了市场经济的最发达经济体内，当某个企业把生产制造环节转移到劳动力成本或其他要素成本显著低于本经济体的其他某个经济体时，该企业的盈利能力显著提升，该企业相对于其没有将生产制造环节转移的竞争对手获得了更强的竞争力；其竞争对手此时为了应对竞争，将不得不把生产制造环节也转移到生产成本相对较低的其他经济体内。

例如，在 1978 年中国改革开放之初直到 1988 年的至少十多年时间里，美国、西欧、日本、中国台湾和中国香港等发达经济体内工人和白领的收入水平是当时中国收入水平的100倍至200倍。此时，美国、西欧、日本、中国台湾和中国香港等发达经济体内的企业如果把工厂搬到中国，则由于劳动力成本的大幅降低，企业的利润率将大幅提升。此时，该企业可以在本国降价销售、用高薪挖来竞争对手的工程师等人才——这些措施都将压迫竞争对手的生存空间，迫使竞争对手不得不把生产环节转移到中国来。竞争对手只要能及时跟进到中国投资，就能避免破产。此时，处于竞争中的所有企业都将由于投资中国而获得生存机会和更多利润。

以上思想试验假设了4个条件。一是假设存在充分的市场竞争。否则，企业跨境投资工厂的动力就将仅有利润考虑而没有求生存的逼迫，这样的全球化的动力是不够充分的。二是假设运输足够发达。如果境外生产出来的产品不能及时运回本国市场销售，国内的生产是不可能转移境外的。三是假设通信技术足够发达。如果跨国公司总部的生产指令、设计图纸以及对生产中技术问题的解答不能及时传达到生产工厂，境外的生产将难以有效率地进行。四是假设国际贸易壁垒足够低。否则，尽管境外劳动力以及其他生产要素很便宜，但如果进口关税高，境外生产所缩减的成本可能完全被进口关税所抵消。

当同时满足以上分析的4个条件时，由以上的思想实验可知，充分竞争中的跨国公司的生产必将全球化。

以上的思想实验是假设跨国公司自己投资境外的工厂进行境外生产。如果跨国公司把生产外包给境外的企业，同样能得到削减成本、提高利润率的效果。这种做法同样是生产的全球化。美国苹果公司是此类公司的典型。采取这种做法除了减少投资和避免拥有重资产外，主要的考虑仍然是减少员工的工资成本。因为如果一个生产工厂是苹果公司的，其规模庞大的员工的工资水平就需要向苹果公司的平均工资水平靠拢，而外包工厂就没有这样的问题。

在跨国公司的生产逐步全球化的过程中，按照同样的原理，跨国公司的很多服务供给和需求也可以通过投资境外企业或外包服务而达到削减成本、提高利润的效果。这样的服务在设计、软件编写、研究发展、呼叫中心、远程诊断等远程供给可以实现的服务领域大量存在。因此同样地，跨国公司的这些服务也必然全球化。

如果，美国一个程序员把自己的工作任务外包给中国的一家软件公司，他为此仅需支付自己6位数薪水中的1/5，而他则可以利用工作时间做其他事情。那么，事情一旦暴露，他将面临被解雇。但是，如果美国的程序员自己成立一家公司，并以该公司的名义与中国软件公司签署外包合同，则可以“合规”地进行外包活动。事实上，美国公司存在大量的软件编程服务的外包，这些外包合同过去基本给予了印度公司，印度的Infosys等一批软件公司因此崛起。2006年，托马斯·弗里德曼的著作《世界是平的》传到中国后，中国也掀起了承接外包服务的热潮。仅以苏州市为例，2006年以后苏州市服务外包出口从0增长到70亿美元以上。

显然，之所以只用了自己六位数薪水中的1/5，就能购买到中国相当于顶级程序员的服务，是因为中美程序员之间的工资差距在6倍以上。如果美国公司的决策者利用这个工资差距来降低人力资源成本，该公司就营造了相对于其竞争对手的竞争力，如此将逼迫其竞争对手也要利用这个工资差距，这样，服务的全球化不可避免。

而跨国公司的生产和服务的全球化基本等同并必然走向经济的全球化。因为一般而言，被跨国公司的生产和服务所辐射的经济体的税收、整体工资水平以及当地民营企业的配套服务都会不断提升。以苏州为例：2003年，苏州的市委书记曾经非常兴奋地在大会上宣布，苏州的财政一般公共预算收入达到了一天一个亿；而2020年，苏州的财政一般公共预算收入已经达到了2303亿元。2020年，苏州的创业创新企业中的大部分创业者，都有过在跨国公司工作的经历。

仔细分析以上思想实验的潜在前提，我们可获得经济全球化的充分必要条件为：

（1）存在较充分的市场竞争；

（2）运输技术足够发达；

（3）通信技术足够发达；

（4）国际贸易壁垒足够低。

在以上充分必要条件获得满足的情况下，上规模的企业都必须在全球配置资源和开拓市场。因为如果一个企业不这样做而其竞争企业这样做的话，这个企业就会丧失竞争力，在激烈的市场竞争中被淘汰。所以，以上 4 个条件必然导致经济全球化。

说以上 4 个条件是构成全球化的充分条件是有一个边界条件的，这个边界条件就是世界政治经济的现有基本架构。例如，如果美国进口商给付的资金到不了中国出口商手里，那也就没有跨国公司在中国的生产制造。但这种资金的自由给予和收取在全世界都没有任何问题。因此我不把此列入充分必要条件中。

在构成经济全球化的以上 4 个必要条件中，条件（1）在绝大多数国家中都是满足的。中国从 20 世纪 90 年代开始已满足了条件（1）。条件 2 在 20 世纪 40 年代也已经满足。条件 3 在 20 世纪 60 年代后期随着传真机的应用而逐步被满足。20 世纪 80 年代中期，随着彩色传真机逐渐发展到可以实用化的程度，全球化加速发展。条件 4 是运用经济学理论由非常聪明的设计促成的，它在二十世纪五六十年代逐步形成，并在 20 世纪的最后 30 年获得了巨大的成功。

1978 年 12 月，中共十一届三中全会确定中国开始实行改革开放的政策。以上 4 个必要条件在这时也正好在国际上得到充分的满足。所以，中华民族是幸运的民族，因为中国开始改革开放之时，正是全球化如日中天、势不可当之际。

之所以把以上的充分必要条件说成是“经济全球化”的而非“全球化”的，是为了追求准确。实际上，在经济全球化的过程中，发达经济体的文化、体育、习俗、价值观等也在走向全球化。但由于政治和民族因素的巨大反作用，非经济内容的全球化并非不可阻挡。这种在政治、文化、习俗、价值观等方面的阻挡面对逐渐强化的全球化累积势能究竟最终能否成功，虽没有理论和实践的定论，但全球化摧毁阻挡的力量非常强劲和有效是毋庸置疑的。苏联的崩溃很大程度上受到这种全球化的影响。

第二节 国际贸易壁垒的破除

在构成经济全球化的 4 个充分必要条件中，前面 3 个条件基本是固定地满足的，唯有第 4 个条件“国际贸易壁垒足够低”是一个人为的可变量。我将在下一章进一步说明：这第 4 个条件今后的变化影响全球化以及人类前途。在本节，我们讨论这第 4 个条件是如何实现的。

我们知道，一个国家或独立的关税经济体的出口就是利用了别国或其他独立的关税经济体的市场，并且出口还换取了外汇收入；而进口就是市场被别国或其他独立的关税经济体利用，它不但要支付外汇或硬通货，而且进口商品可能对本地生产的同类商品的销售产生直接冲击。所以，尽管国际比较利益理论已经证明了贸易对人类总体的好处，但一般而言，国家或独立的关税经济体总是倾向于出口并抑制进口。在这种情况下，如何才能有效地降低国际贸易壁垒呢？

20 世纪 30 年代至 40 年代，世界贸易保护主义盛行。国际贸易的相互限制是造成世界经济萧条的一个重要原因。第二次世界大战后，1946 年 10 月，联合国经社理事会筹备委员会召开第一次会议，审查美国提交的国际贸易组织宪章草案。1947 年 4 月至 7 月，筹备委员会在日内瓦召开第二次全体大会，就关税问题进行谈判，讨论并修改“国际贸易组织宪章”草案。经过多次谈判，美国等 23 个国家于 1947 年 10 月 30 日在日内瓦签订了《关税与贸易总协定》。

《关税与贸易总协定》(General Agreement on Tariffs and Trade，简称GATT）签订以后，即开始进行全球多边贸易谈判。经过8轮以上的多边贸易谈判，发达国家的平均关税已从1948年的36%降到20世纪90年代中期的3.8%，发展中国家和地区同期降至12.7%。这种大幅度地减让关税是人类发展史上前所未有的，对于推动国际贸易的发展起了很大作用，为实现贸易自由化创造了条件。

GATT充满了人类的智慧。例如GATT“两步走”的设计：第1步，规定缔约国可以限制进口，但只能以关税的形式限制进口，禁止进口许可证等非关税壁垒；第2步，在第1步实现了贸易壁垒的可量化和透明化以后，缔约国之间相互洽谈缩减关税。

GATT由于其非常聪明的设计，在“二战”后大幅缩减了国际贸易壁垒。

第三节　国际比较利益理论

上节说到，“二战”后的1946年联合国审议美国提交的国际贸易组织宪章草案，推进破除国际贸易壁垒。那么，破除国际贸易壁垒究竟能给美国以及世界各国带来什么好处呢？要回答这个问题，有必要重温1817年由英国经济学家大卫·李嘉图提出的国际比较利益理论。

国际比较利益理论是非常成熟的、已经为经济学家所普遍认同的经济学公理。这个学说认为，一个国家或者一个人可以通过专门生产那些自己拥有最高生产率的商品，然后通过贸易和交换，来提高生活水平和实际收入。

比如中国擅长生产水稻，俄罗斯更擅长生产树木，中国用水稻交换俄罗斯的树木，双方都能因此提高自己的生活水平和实际收入。这个例子很容易理解，但是还有不寻常的情况。国际比较利益原理宣称：一个国家即使在所有的产品上都比其他国家拥有更高的生产率，他仍然要和其他地区来进行贸易；同样，一个国家即使在所有物品的生产上效率都绝对最低，它与其他国家进行贸易仍然可以获利。假如中国在计算机、钢铁、水稻等所有商品类别上都有最高的生产率，也应该把资源配置放在对自己更有利的商品上面，放弃一些商品的生产来跟其他国家进行交换。对个人来说也是如此。例如，爱因斯坦做科学研究很厉害，假如他也是很好的打字员，同时他有一个秘书，这个秘书只会打字，而且打字还不如爱因斯坦快。即使如此，也应该是爱因斯坦去搞科学研究，把打字留给秘书去做。这样他们互相交换劳动的果实，总体能够获得更大利益。

国际比较利益产生的原因除了由各个国家不同的生产率造成的相对成本差异以外，还包括大规模专业化生产形成的成本优势以及各国爱好和需求不同所形成的成本优势。新加坡石化工业的发达是因为新加坡规划形成了石油化工的大规模专业化生产，这样没有形成大规模生产的国家就会从新加坡进口石化产品。日本人喜欢吃三文鱼、韩国人喜欢吃泡菜，那么日本可以进口韩国的泡菜而韩国进口日本的三文鱼。对个人而言同样如此：爱吃瘦肉的丈夫用肥肉去换爱吃肥肉的妻子的瘦肉，双方的幸福总量因交换得到增加。

结论：国际比较利益理论证明，无论是生产力水平高还是低的国家，按照比较优势的思想参加分工和贸易，都可以得到实际利益。国际分工和国际贸易是经济发展、物质财富和人类幸福增加的重要途径和动力。因此，人类应该倡导发展国际贸易和分工。

第四节　国际收支平衡

与国内交易一样，国际贸易必然从最初的以物易物发展到通过货币媒介进行。货币媒介不仅方便了交易，也提供了通过货币来衡量一个国家的国际贸易和商务活动的可能。可以用一张会计报表来记录进入和流出一个国家的全部经济活动。这张会计报表就叫一个国家的“国际收支平衡表”，它包括：进出口货物的金额、境外投资和吸引外商投资的金额、对境外的放款与借款、旅游的收入和支出、从境外收到的和向境外支付的利息和利润、运费等。

国际收支平衡表通常包括以下四个部分：

（1）经常项目。

①货物贸易；

②服务贸易；

③离岸转口贸易；

④政府出口和赠予。

（2）资本项目。

①私人；

②政府。

（3）统计误差。

（4）官方结算额。

由经常项目贷方和借方的差额可以得到货物贸易和服务贸易的顺差额或逆差额。显然，如果出口金额大于进口金额，就是贸易顺差，否则为贸易逆差。

经常项目中的离岸转口贸易是一个特殊项目。如果我们把从非洲购买的货物直接运到美国去卖给美国商人，这就是典型的离岸转口贸易。由于货物不是在中国生产并且没有在中国报关出口，因此中国的国际收支统计中没有把离岸转口贸易统计成货物贸易。同时，由于离岸转口贸易中货物的所有权是变动的，出口商在交易中卖出的是货物所有权，这与服务出口卖出的是服务而非货物的所有权是完全不同的，所以国际收支统计也没有把离岸转口贸易统计成服务贸易。

资本项目包括境外投资和吸引外商投资的金额、对境外的放款与借款、从境外收到的和向境外支付的利息和利润等。中国购买美国国债就是借出美元，记为借方；而美国的国际收支平衡表则记为贷方。

统计误差是所有未记录的交易的净总值，相当于数值有限的统计误差。

经常项目加资本项目再加统计误差就是一个国家当期的国际收支净差额。

官方结算项目就是由国家来结清当期的国际收支净差额，即：

经常项目 + 资本项目 + 统计误差 + 官方结算项目 =0

讨论不同国家的官方结算项目具有重大意义，因为它最直接反映了不同国家处在怎样的不同发展阶段。

美国是世界上贸易逆差最大的国家。从 1976 年开始，美国进入了对外贸易逆差的状态，2005 年，美国货物贸易逆差占 GDP 的 5%。1976 年，美国对外服务贸易进入顺差状态，服务贸易顺差的逐渐增长，部分弥补了货物贸易逆差，使得总体贸易逆差占 GDP 的比例保持在 3% 左右。2018 年、2019 年和 2020 年，美国贸易逆差分别为 6275 亿美元、6168 亿美元和 6787 亿美元。当今世界，要想在国际收支平衡表上平衡如此庞大的贸易逆差，除了美国以外谁也没有这个能力。美国平衡国际收支的主要办法是通过发行国债等有价证券来吸收美元回流。美国国债的无风险收益的确令世界各国持有美元的国家趋之若鹜，但即使美国国债等有价证券不能弥补贸易逆差，美元的世界货币地位也能够让美国可以用美元来直接平衡国际收支平衡表上的官方结算项目。这与世界上大多数国家的做法是截然不同的：例如，你不能设想非洲的埃塞俄比亚能够用它的埃塞币来结算国际收支逆差。埃塞俄比亚在国际收支上能够做的就是确保不出现国际收支逆差，或者说，确保（经常项目 + 资本项目 + 统计误差）大于等于 0。

可以用美元来直接平衡国际收支平衡表上的官方结算项目是美国建立了美元世界货币地位的好处。但如果像《货币战争》之类的书籍所论述的那样，把维护美元的世界货币地位当作美国的基本目标和阴谋就大错特错了。这种由于《货币战争》而在中国普遍认同的观点认为，美国通过无节制地印刷美元来“薅全世界的羊毛”。本书第五章第六节会讨论美元作为世界货币究竟能给美国带来什么好处和坏处。

日本、欧元区国家以及澳大利亚等实现了本币外币自由兑换并且存在贸易投资顺差的国家，可以用本国货币兑换美元的方法来直接平衡国际收支平衡表上的官方结算项目。

东南亚以及拉丁美洲一些国家虽实现了本币外币自由兑换，但由于一定时期贸易投资出现大量逆差，致使本国货币相对于美元大幅贬值，从而造成本国国民收入急剧减少，有的甚至长期陷于中等收入陷阱，即年人均 GDP 无法突破 12000 美元。

中国虽没有实现本币外币自由兑换，但由于存在大量贸易和投资顺差，所以改革开放 40 多年来积累了 3 万多亿美元的外汇储备。这是世界上最大规模的外汇储备，它基本上能够确保：即使中国短时期出现贸易投资逆差，国际收支平衡表上的官方结算项目也可以通过外汇储备来结算。但如果中国出现趋势性的贸易投资逆差，则中国的外汇储备将逐渐减少，由此人民币将贬值，国家可能陷入中等收入陷阱。

第五节　世界贸易组织及其基本原则和法律框架

世界贸易组织（World Trade Organization），简称世贸组织（WTO），是一个独立于联合国的永久性国际组织。世贸组织总部位于瑞士日内瓦。世界贸易组织前身是1947年10月30日签订的《关税与贸易总协定》。1995年1月1日，世界贸易组织正式开始运作。1996年1月1日，世界贸易组织正式取代关贸总协定临时机构。2001年12月11日，中国正式加入世界贸易组织。

WTO的5个基本原则是：

（1）最惠国待遇原则：一成员方将在货物贸易、服务贸易和知识产权领域给予另一成员方的优惠待遇，立即和无条件地给予其他各成员方。

（2）国民待遇原则：对其他成员方的产品、服务和服务提供者及知识产权所有者和持有者所提供的待遇，不低于本国同类产品、服务和服务提供者及知识产权所有者和持有者所享有的待遇。

（3）透明度原则：贸易措施及其变化情况，不公布的不得实施，同时还需通知WTO。

（4）自由贸易原则：实质性削减关税和减少其他贸易壁垒，扩大成员间货物和服务贸易。

（5）公平竞争原则：出口补贴和倾销是典型的不公平贸易。倾销是以低于正常价值的价格出口产品，对进口方相关产业造成损害。

这里，最惠国待遇原则对于削减国际贸易壁垒起到了关键作用。因为一个成员给予另一个成员的优惠和让步，可以立即被所有成员享受。

国民待遇原则对于公平竞争、破除国际贸易壁垒至关重要。在中国，一直有代表葡萄酒生产商利益的人大代表提出对国产葡萄酒取消消费税的建议。该建议确实能帮助国产葡萄酒有效应对进口葡萄酒的冲击和竞争。但该建议根本不可能被采纳，因为除关税和进口增值税以外，中国如果仅对进口商品征收税费而不对国产商品征收，那就违背了 WTO 的国民待遇原则。该实例反过来说明了国民待遇原则的重要性，因为如果没有它，进口商品的竞争力很容易被抹杀。

透明度原则对于中国政府进行行政管理体制改革起到了推动作用。加入 WTO 以后，中国各级政府在透明度、公开性方面有了巨大的进步。

自由贸易原则反映了 WTO 的宗旨，也是 WTO 鼓励支持成员间签署更加自由的区域间贸易协议的原因。

公平竞争原则赋予 WTO 成员对不公平竞争行为用反倾销、反补贴等措施予以回击的手段。

WTO 的法律框架是《建立世界贸易组织的马拉喀什协定》和 4 个附件、《中国加入议定书》及其附件、《中国加入工作组报告书》，以及所有其他成员的加入议定书等文件。

《建立世界贸易组织的马拉喀什协定》附件 1 是关于货物贸易、服务贸易和知识产权贸易的多边协定；附件 2 是关于争端解决规则和程序的谅解；附件 3 是贸易政策评审机制；附件 4 是诸边贸易协定，包括政府采购、民用航空器、信息技术协议。其中，附件 1A 是有关货物贸易的多边协议，这些协议主要包括：1994 年关税与贸易总协定、农产品协议 、实施动植物卫生检疫措施的协议、纺织品与服装协议 、技术性贸易壁垒协议、与贸易有关的投资措施协议、装运前检疫协议、原产地规则协议、进口许可程序协议、补贴与反补贴措施协议、保障措施协议；附件 1B 是《服务贸易总协定》。

第六节　世界贸易组织的历史和现实作用

为了更好地理解全球化及其演化，需要说明 WTO 的历史和现实作用。我们从如下 5 个方面来说明。

一、WTO是产生经济全球化的主要原因

如第二节所述，WTO 和其前身 GATT（《关税与贸易总协定》）在“二战”后大幅地缩减了国际贸易壁垒。而根据第一节分析，国际贸易壁垒足够低是经济全球化的必要条件。所以，WTO 是过去 50 年左右经济全球化的主要起因。

二、WTO是2001年12月以来中国快速发展的触发因素

中国是 2001 年 12 月 11 日加入 WTO 的。在此之前，虽然整个二十世纪八九十年代已经有大量的外商投资中国，但由于中国没有加入 WTO，无法确定国际贸易壁垒对中国足够低，因此跨国公司并不敢无所顾忌地大量投资中国。例如美国方面，虽然 1980 年生效的《中美贸易关系协定》规定中美双方相互给予最惠国待遇，但美国对华最惠国待遇每年都要由总统提出，由国会审议。从 1990 年春开始，美国国会利用年度审议对华最惠国待遇这一途径，介入美国对华政策，导致中国最惠国待遇出现问题。这个问题直到中国与美国就中国加入 WTO 的谈判成功后，2000 年 5 月 17 日才获得解决：那一天，美国参议院和众议院分别通过了给予中国永久性正常贸易关系地位

法案，给予中国“贸易最惠国”待遇。这项法案于2002年1月1日正式生效，免除了美国国会每年一度的对中国贸易地位的审议。正因为贸易畅通，才使得跨国公司打消顾虑，大规模投资中国，触发了中国长达20多年的高速增长。

三、WTO正陷于多边机制的困境

截至2020年5月，世界贸易组织有164个成员、24个观察员 。按照WTO决策规则，一项决议最好是所有成员均不反对，这样可视为一致同意通过；对于WTO一般的决议如果不能达到一致同意，则采用简单多数规则；对多边货物贸易协定、《服务贸易总协定》某些部分的修改建议、新成员方加入WTO以及年度预算决议等事项，采用2/3多数通过；对于条款的解释、各项协定的修改以及豁免义务等重大事项，采用3/4多数通过。可以想象，这么多的成员要达成一项多边贸易新成果是很困难的。2003年8月30日，世贸组织总理事会一致通过了关于实施专利药品强制许可制度的最后文件后，WTO有十多年时间再没有产生一项WTO多边协议。因此，WTO越来越难以有效地推动削减更多的贸易壁垒。

四、更深程度的区域贸易自由化成为当今热点

WTO倡导大幅度削减关税及其他贸易障碍，因此它允许和鼓励成员间谈判达成比WTO协议更加自由化的区域自由贸易协议。WTO对区域间自由贸易协议给予了授权和限制。从授权方面看，GATT第24条第5款允许成员设立关税同盟或自由贸易区，在区域内实行更为优惠的关税措施；服务贸易总协定（GATS）第5条第1款允许成员订立区域服务贸易自由化协定。从限制方面看，GATT和GATS要求自由贸易区的建立不能降低区域外成员国的待遇。这是区域自由贸易协定同WTO多边体系共存的基础，是确保区域

一体化不致对 WTO 多边体系构成障碍乃至威胁的关键。另一条重要要求是，自由贸易区的参与方必须实现区内众多贸易的自由化，以防止 WTO 成员利用该条款仅就某些特定产品给予优惠待遇，而非真正实施自由贸易，借此排除或限制其他国家的产品进入其市场。为确保这些实体要求被遵守，GATT 和 GATS 还规定了自由贸易协定当事方在缔结协定、扩展协定或修改协定时的通知义务及区域贸易协定委员会、货物贸易理事会和服务贸易理事会的审查权力。这些都是旨在确保区域经济一体化在 WTO 的多边框架内发展。由于缔结区域自由贸易协议可以给本国带来更加优越于 WTO 优惠条件的贸易优惠，所以各国都积极寻求参与更深程度的区域自由贸易协议。欧盟、东盟、美国—加拿大—墨西哥、中国—新西兰、中国—东盟等都签订了自由贸易协定。2020 年 11 月 15 日，全球最大的自由贸易区宣告诞生——由东盟 10 国和中国、日本、韩国、澳大利亚、新西兰共 15 个成员国，历经 8 年谈判磋商，顺利签署区域全面经济伙伴关系协定（RCEP）。RCEP 成员国总人口达 22.7 亿，GDP 为 26 万亿美元，出口总额逾 5 万亿美元，均占全球总量约 30%，具有覆盖人口数量最多、成员结构最多元、发展潜力最大等独特发展优势。RCEP 签署后，中国对外签署的自贸协定已达 19 个，自贸伙伴将达到 26 个，不仅有力地促进了我国更高水平的对外开放，对于维护多边贸易体制、深化区域经济一体化和稳定全球经济，都具有十分重要的意义。我们后面将会分析，RCEP 的最大战略利益是有助于打破美国右翼势力推动的“中美脱钩”。

五、WTO正面临逆全球化的挑战

全球化使发达国家的工人和中产阶级的利益受损，因此西方社会掀起了反全球化的浪潮。由于 WTO 对全球化起到关键的推动作用，因此 WTO 也正面临逆全球化的挑战。

第七节　全球化的结果

前面我们分析，美国以及世界各国通过 WTO 积极破除国际贸易壁垒，是为了获取国际比较利益，提高人类整体福祉。“二战”后世界经济飞速发展的原因之一就是 GATT 和 WTO 成功地破除了国际贸易壁垒。

但美国以及世界各国的专家学者官员都没有料到：破除国际贸易壁垒带来了经济全球化。而全球化 40 多年的发展带来了如下结果。

一、全球化带来了世界经济的高速发展

跨国公司在全球配置资源和开拓销售市场，为自身赢得了更多的利润和发展空间，为科技研发带来了突破，为被投资国家带来了资金、技术、管理经验和先进理念。西方发达国家的创新，加上国际贸易领域和发展中国家的改革，再加上中国等经济体在生产制造等领域的高效率组织，这是 40 多年来世界经济增长的三大最强动力因素。

二、经济全球化带来了国别地区发展的平均化

为什么和美国搞好关系的国家和地区都富起来了？因为和美国搞好关系的国家和地区都加入了美国主导的 GATT，实现了与美国的贸易畅通。这时如果这个国家的经济发展水平与美国有显著差距，美国企业就会去投资从而带动经济增长。这实际上是一种局部的全球化，它实现了美国与其盟国的发展水平的平均化。

三、经济全球化造就“大象曲线”

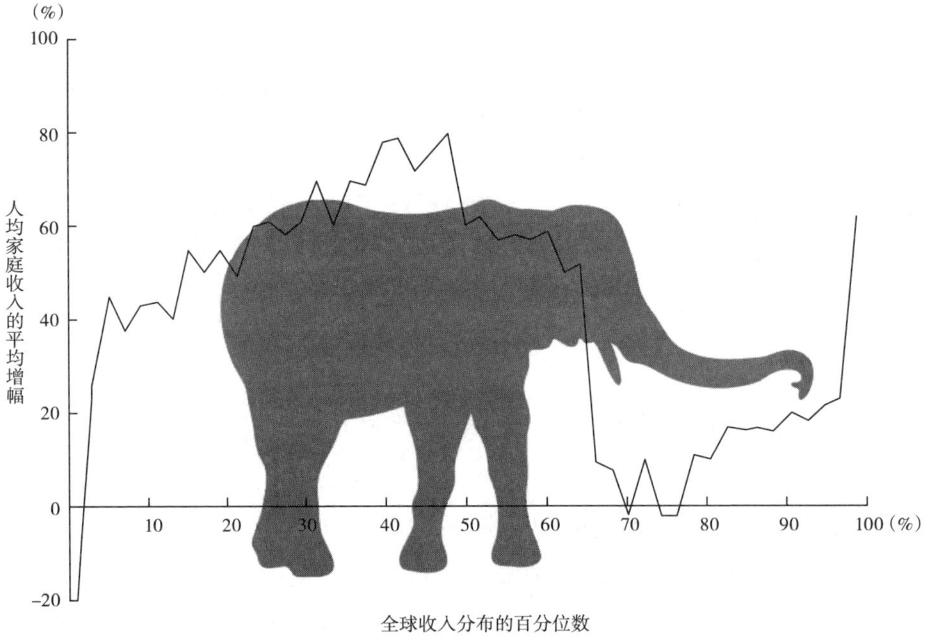

图 1.1　雷克纳—米拉诺维奇的 1988—2008 年全球增长影响曲线

上面这张曲线图的形状，就像一只大象一样，因此得名“大象曲线”。图解如下：

1988 年，处于全球收入分布第 20% 的人群组到 2008 年时的人均家庭收入的平均增幅为 58% 左右；处于全球收入分布第 48% 的人群组到 2008 年时的人均家庭收入的平均增幅为 80% 左右；处于全球收入分布第 60% 的人群组到 2008 年时的人均家庭收入的平均增幅为 50% 左右。这些人群组的收入增长非常快，主要集中在像中国、印度、巴西、印度尼西亚这样的发展中国家。

但是发达国家的中产阶级，也就是在全球收入阶层中处于 75% 至 99% 区间的人群，其收入增长非常慢。特别是全球收入分布第 75% 左右的人群组，20 多年来的真实收入几乎没有变化，原地踏步。

再往上，全球收入处于最顶层的 1% 的人群，也就是各国的超级富豪，他们的收入增长又变得非常快，和发展中国家大部分的民众类似。

到今天，中国大陆的平均工资水平与美国、日本等发达经济体相比，已经由 40 年前的相差 100 多倍缩减到 6 倍左右。但在中国大陆的平均工资水平不断上升的 40 年里，美国、德国等发达经济体的工人的工资水平几乎没有增长。西方中产阶级收入的相对大幅度下降造就了西方政治中反全球化的浪潮。

四、经济全球化助推中国崛起

1978 年中国改革开放之时，也正是经济全球化席卷世界之际。借助全球化，中国不断地实现发展水平与美国的一次次平均化。20 世纪 80 年代，在中国大陆工资水平平均比美国、日本等发达经济体低 100 倍至 200 倍的情况下，跨国公司必然要考虑配置中国大陆的劳动力资源。2001 年 12 月，中国加入 WTO，意味着中国与世界的贸易已经畅通，跨国公司掀起了 20 多年的对中国投资浪潮。这个浪潮给中国带来了资金、技术、管理、市场、就业、财政、配套企业以及 3 万多亿美元的外汇储备。

由于人口众多、工业门类齐全以及亲商服务到位，中国的崛起本身给世界经济带来巨大变化。一是中国的吸纳力特别强，跨国公司绝大多数供应链都落户中国；二是国际比较利益原理有所失效，因为中国什么都做，越是缺项越要做，越做越有优势；三是中国消费能力增加迅速，越来越强地主导市场。

五、美国制造业衰落

特朗普 2017 年 1 月在就职演说中描绘：工作机会离开了美国，导致许多工厂倒闭。生锈的工厂像墓碑一般遍布美国国土。几十年来，以美国工业的衰落为代价养活了他国的工业，将数万亿美元投资到海外，帮助其他国家越来越富强，而美国自己的财富、力量和自信却逐渐消失在地平线上。工厂要么接连倒闭，要么搬到海外，中产阶级的财富被从自己的家园夺走，再被重新分配到世界各地……

以上描述从侧面反映了美国制造业的衰落。

供讨论的问题

1. 经济全球化的机理与思想、文化、政治以及价值观的全球化机理是否相同？差别体现在哪里？

2. 如果美国基于价值观和地缘政治的考虑，要求美国企业与中国脱钩，美国企业会因此丧失面对欧洲企业的竞争力吗？

3. 由于具有足够的人口和市场，中国因此可以不顾国际比较利益对国际分工的要求，建立完整的、全门类参与国际竞争的工业体系吗？如果担心因价值观的冲突遭遇围堵，这种追求是否合理有效？

4. “二战”后为什么和美国搞好关系的国家和地区都富起来了？

5. 用免除国产葡萄酒消费税的方法来扶持国产葡萄酒可行吗？

6. 如果人民币显著贬值，中国能摆脱中等收入陷阱吗？

7. 如果不能培育足够的赚取外汇的能力，埃塞俄比亚能够崛起吗？埃塞俄比亚如何才能赚取更多外汇？

8. 1980 年以来，世界经济增长的最强动力因素是什么？

9. 经济全球化是美国政客设计的吗？经济全球化的后果有无被美国主流经济学家和官员预见？

10. 美国有无消除经济全球化负面效应的既有办法？

第二章

全球化的演化和中美贸易摩擦

本章依据上一章分析的全球化的后果来审视中美贸易摩擦、西方现代民粹主义以及逆全球化，分析国际地缘政治经济的前景。

第一节　西方民粹主义和逆全球化

民粹主义（populism），又译平民主义，萌芽于十九世纪四五十年代的俄国。民粹主义强调平民群众的价值和理想，把平民化和大众化作为政治运动和政治制度合法性的最终来源；依靠平民大众对社会进行改革，并把普通群众当作政治改革的决定性力量。

民粹主义具有幼稚性、狂热性和危险性。例如：民粹主义者反对权威和精英，但又容不得反对派，甚至容不得“旁观者”。当社会出现不利于本国平民的危机趋向时，民粹主义、狭隘的民族主义和经济问题政治化就会逐渐兴起，这时政治家往往被短期民意绑架、被政治程序锁定和不敢突破意识形态束缚，这是普遍的行为模式。

但民粹主义也有其合理性，它真实反映了民众的关切。认真负责地解决民众的关切是任何政治家对付民粹主义的法宝。

2010 年以来，由于全球化结果损害了西方发达国家工人和中产阶级的利益，西方国家内部反全球化的民粹主义势力越来越强。2013 年英国公投决定脱离欧盟，首次显示了反全球化的民粹主义的力量。2016 年特朗普当选为美国总统，昭示西方民粹主义的全面回归。

2020 年，特朗普因新冠肺炎疫情选举失败是美国民粹主义的一次大挫败。但特朗普在总统选举中获得了 7000 多万票，这是美国历史上仅次于拜登的得票数，显示美国民粹主义完全没有消退迹象，必将深刻影响美国的政治前景。

第二节　制造业回归美国分析

按照美国主流经济学家或经典的经济学教科书的观点，贸易逆差对美国是无害的。萨缪尔森在其《经济学》中便认为贸易逆差无害，并且反对用关税来保护就业。萨缪尔森在这本书中仅用两句话来论述他的上述观点。他的论述是："如果存在失业，通过货币和财政政策来减少失业是更加有效的办法。在有效的宏观经济政策下，被进口货排挤的劳动者会在具有比较利益的产业部门找到高收入的工作，而不是在经济保护主义庇护下勉强维持生存的部门中从事低收入的工作。"

萨缪尔森以上的论述是不充分的。这种随意的、不严肃的证明导致美国在贸易以及全球化方面吃了大亏。"二战"后世界经济的演变告诉我们，贸易逆差的形成不仅是按照现有条件体现国际比较利益的结果，而且由于全球化，还是跨国公司寻找商务成本洼地进行生产制造国际布局的结果。美国巨额的贸易逆差固然可以通过发行国债、美元等形式来实现国际收支平衡，但转移出去的工厂和工作岗位对美国造成的损害则难以弥补。1980 年以来，美国在汽车生产和纺织等制造业共裁减了 750 万个就业岗位。

2009 年，上任后的第 6 个月，奥巴马就正式推出了重振制造业战略。其后相继启动了《重振美国制造业框架》《先进制造业伙伴计划》《先进制造业国家战略计划》和《制造业创新中心网络发展规划》等。经过近 8 年的时间，美国制造业占 GDP 比重延续原来的趋势，从 2008 年的 12.3% 继续下降至 2015 年的 12.0%，美国制造业雇佣的全职、兼职劳动力数量从 2008 年的 1342.5 万人下降至 2015 年的 1233.4 万人。分析奥巴马制造业回归战略失败的原因，不外乎如下几个方面：

（1）尽管美国工人工资相比中国已经从 100 多倍下降到 5 倍多，但仍然高出中国很多。

（2）中国工人更勤勉，工作技能更出色。这些优点是美国本土工人无法企及的。

（3）中国的工科类大学生众多。而美国人顺应过去数十年的制造业外迁大潮和金融、商科的兴盛，更愿意学习金融和商学，已经很少有人愿意学习工科类专业。

（4）美国工会势力太强大。企业利润赚多了，工会就要求涨工资。而中国的企业没有类似问题。

（5）中国的工业门类和配套产业链齐全。而美国长久以来的去工业化，导致其丧失一般制造业基础。

（6）美国的基础设施老化，货物运输不如中国快捷。

特朗普在上台前后，同样提出了“让制造业回流美国”的口号，先后采取了“雇美国人，用美国货”、《2017 年减税及就业法案》《重振美国制造业框架》、“鼓励美国企业利润回流”“国家承担企业 100% 搬迁费用”等政策，这些政策总体是务实有效的。例如，截至 2018 年第三季度，美国企业已经至少将 5574 亿美元资本汇回美国国内。

在吸引制造业回流美国方面，特朗普与奥巴马最大的不同是采取了聚焦贸易逆差的方法。根据我们前一章对经济全球化的分析，贸易畅通是全球化的必要条件，因此贸易畅通引发的全球化是长久以来美国去工业化的根本原因。所以从原理上讲，特朗普聚焦贸易逆差问题是比较睿智的，是“打蛇打在了七寸上”。尽管特朗普反复强调他与中国领导人是好朋友，但在削减贸易逆差问题上他遭遇了中国的阻击，为此，他在科技、主权、军事等各个方面与中国进行全面竞争。

必须承认：奥巴马和特朗普关于制造业回归美国的努力符合美国利益。近年来，人工智能（AI）和机器人技术的突飞猛进意味着，今后的制造业可以永久定位在现在的制造业所在地，不管这个地区工人工资有多高。因为AI能够大量地减少用工，从而成功阻遏因劳动力成本高企而推动的产业转移。同时，要发展AI，也需要大量的制造业数据。所以，制造业回归美国存在一个与AI发展水平相关的窗口期，过了这个窗口期，制造业将再也回不到美国。对美国而言，现在可能是制造业回归的最后机会。

第三节　全球化的未来走向

分析了全球化的后果以及这个后果对西方政治的冲击后，现在还需要再回过头来重新预测全球化的未来走向。笔者认为，未来决定全球化走向的最主要因素并非西方逆全球化势力，而是人工智能（AI）技术的发展结果。

人工智能和机器人技术毫无疑问能够大幅降低对生产工人的需求，从而大幅减少生产中人工成本的占比。一旦人工智能和机器人技术足够成熟，使得生产中工人的成本可以忽略不计，则全球化单向地从发达国家向发展中国家转移产业的大趋势就会改变。此时，全球产业资本将呈现全球多点和各区域多方向流动新格局，并将在此新格局形成的 20 年后形成单向地从制造业集中的国家和地区向全球各区域布局产能的最新格局。这里，多点是指包括美国、中国、德国、日本在内的全球制造业集中的国家和地区，各区域是指全球各个不同的区域。一方面，跨国公司可能会考虑改变主要由中国集中供应的现状，推行供应链的区域化；另一方面，美国等富裕国家由于通过人工智能和机器人技术实现了人工成本的大幅缩减，能够大规模地吸引制造业回归。这样，全球产业资本既呈现全球多点向各区域的流动，也呈现多点之间和各区域向多点的反向流动。这种国际产业资本流动新格局大概能维持 20 年的时间。此后，在美国等富裕国家完成制造业回归后，经济全球化将重新回归单向，即从制造业集中的国家和地区向全球各区域布局产能。但此时的单向与 20 多年前有本质的不同：过去单向转移的是整个产业，但未来单向转移的只是部分产能，即在美国等制造业集中的国家和地区的工厂将继续生产，并不关闭，只是从降低运费、缩短交货期等因素考虑，跨国公司在靠近产品销售市场的区域投资建一个新的工厂，生产同样的产品。

必须指出，人工智能和机器人技术不仅能带来全球化走向的大改变，也将带来人类劳动生产率的大幅提高。由此，未来满足人类物质需求的供应将变得如此强大，以至于“按需分配”的共产主义理想将在 100 年内成功实现。

以上这种全球化的未来走向以及人类劳动生产率的大幅提高造成的后果与西方逆全球化运动的诉求是一致的。因此，西方民粹主义和逆全球化运动最终会归于平寂。无论如何，西方民粹主义和逆全球化运动乃至美国政府关于制造业回归的努力均有其作用，因为其可以大大促进全球化未来新格局的形成。

第四节　特朗普倡导的“让美国再次伟大”运动

如果一个美国政治投机者及时发现美国日益高涨的民粹主义思潮，然后有针对性地提出相应的政策主张，成为政治明星，这是有可能的。但特朗普并非这样的投机者。特朗普注重利益以及“美国优先”的思想早在 20 世纪 80 年代就已经布告天下。

特朗普 30 年前就强烈主张把利益而不是“冷战”放在更优先位置。特朗普 1988 年就在报纸上刊登广告抨击美国的外交政策，并在电视访谈节目中宣称应该让美国的盟国支付它们应承担的安全防卫份额。他还认为日本不但不支付份额，而且还不公平地获得对美国的巨额贸易顺差；他认为美国保障了科威特安全地售卖石油，但美国并没有因此得到好处……

特朗普出版了 18 本书，其中《我们应得的美国》《渡过难关：让美国重新登顶》《跛脚美国：如何让美国再次伟大》均阐述了其与反全球化的民粹主义相通的注重利益以及“美国优先”的思想。

在 2017 年 1 月的就职典礼上，特朗普宣称：从当天起，美国的利益会被优先考虑。涉及贸易、税收、移民、外交事务的每一项决定，都要从美国工人和家庭的利益出发。

第五节　中美贸易摩擦分析

按照特朗普过去 30 年来的一贯逻辑，他当选总统后必然要解决贸易逆差问题。因为贸易逆差不仅反映美元的国际收支平衡问题，也深刻地反映了美国工人的就业问题和中产阶级收入相对减少问题，同时，也事关美国制造业的前途。2016 年 12 月 11 日，美国候任总统特朗普宣称，他充分理解“一个中国政策”，可除非美国与中国在包括贸易等其他方面达成协议，否则他不知道为什么非要被“一个中国政策”束缚住。

2016 年 12 月 21 日，特朗普宣布将在白宫设立国家贸易委员会并任命经济学家彼得·纳瓦罗出任主席。2017 年 1 月 3 日，特朗普宣布任命主张对华贸易强硬的莱特希泽为美国贸易代表。

2017 年 1 月特朗普就任总统后，立即提出缩减对华贸易逆差。为回应美方诉求，中方提出，并与美方在 2017 年 4 月 7 日达成“百日计划”，增加自美国进口牛、禽肉、转基因作物、天然气，并在外资全资金融服务公司信用评级服务、电子支付、中国银行间债券市场承销牌照和结算代理人业务资格方面给予美方企业准入许可。2017 年 11 月 9 日，特朗普访华期间，中美双方史无前例地签署了 2535 亿美元的经贸合作协议，包括采购美国波音飞机 370 亿美元、高通芯片 120 亿美元、大豆 50 亿美元。

2018 年 2 月，统计数据出炉：中美贸易逆差不减反增，达到历史最高。据美方统计，2017 年中美贸易逆差达 3752.3 亿美元，占美国贸易逆差总值的 66.3%。按中国海关统计，2017 年中美贸易顺差达 2758 亿美元，占中国贸易顺差总值的 65.3%。

尽管缩减贸易逆差是特朗普的核心追求，但在特朗普执政一年后中美产生了史无前例的巨额贸易逆差，可以想见特朗普的恼怒。

图 2.1 是特朗普启动中美贸易摩擦的全过程。

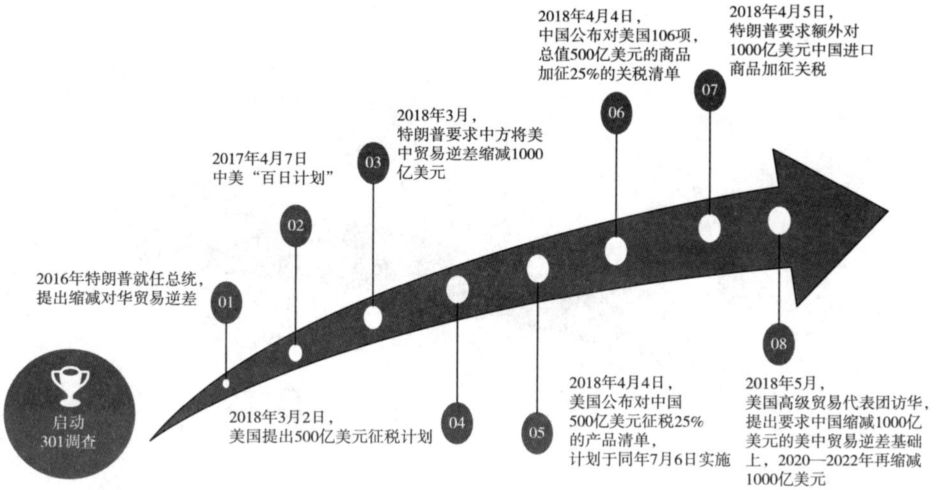
启动
301调查
01
2016年特朗普就任总统，
提出缩减对华贸易逆差
02
2017年4月7日
中美“百日计划”
03
2018年3月，
特朗普要求中方将美
中贸易逆差缩减1000
亿美元
04
2018年3月2日，
美国提出500亿美元征税计划
05
2018年4月4日，
美国公布对中国
500亿美元征税25%
的产品清单，
计划于同年7月6日实施
06
2018年4月4日，
中国公布对美国106项，
总值500亿美元的商品
加征25%的关税清单
07
2018年4月5日，
特朗普要求额外对
1000亿美元中国进口
商品加征关税
08
2018年5月，
美国高级贸易代表团访华，
提出要求中国缩减1000亿
美元的美中贸易逆差基础
上，2020—2022年再缩减
1000亿美元

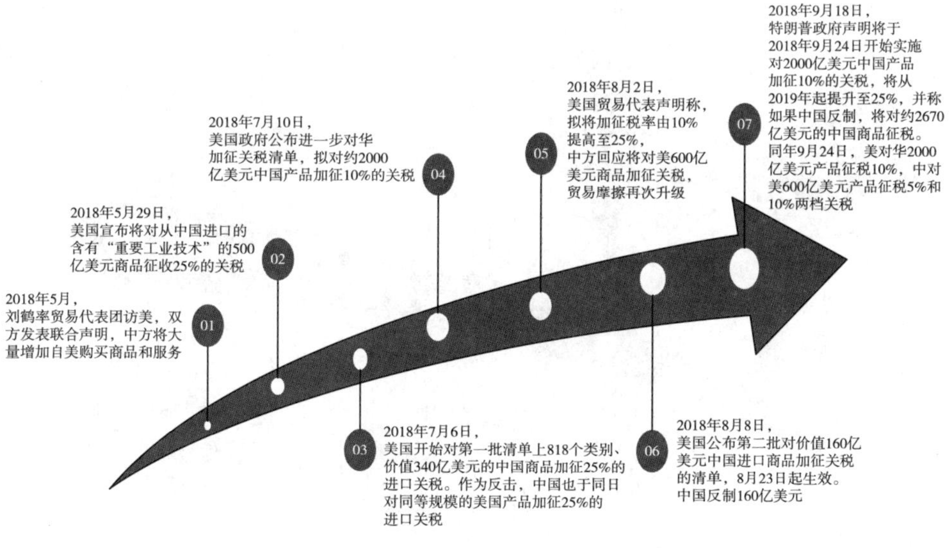
01
2018年5月，
刘鹤率贸易代表团访美，双
方发表联合声明，中方将大
量增加自美购买商品和服务
02
2018年5月29日，
美国宣布将对从中国进口的
含有“重要工业技术”的500
亿美元商品征收25%的关税
03
2018年7月6日，
美国开始对第一批清单上818个类别、
价值340亿美元的中国商品加征25%的
进口关税。作为反击，中国也于同日
对同等规模的美国产品加征25%的
进口关税
04
2018年7月10日，
美国政府公布进一步对华
加征关税清单，拟对约2000
亿美元中国产品加征10%的关税
05
2018年8月2日，
美国贸易代表声明称，
拟将加征税率由10%
提高至25%，
中方回应将对美600亿
美元商品加征关税，
贸易摩擦再次升级
06
2018年8月8日，
美国公布第二批对价值160亿
美元中国进口商品加征关税
的清单，8月23日起生效。
中国反制160亿美元
07
2018年9月18日，
特朗普政府声明将于
2018年9月24日开始实施
对2000亿美元中国产品
加征10%的关税，将从
2019年起提升至25%，并称
如果中国反制，将对约2670
亿美元的中国商品征税。
同年9月24日，美对华2000
亿美元产品征税10%，中对
美600亿美元产品征税5%和
10%两档关税

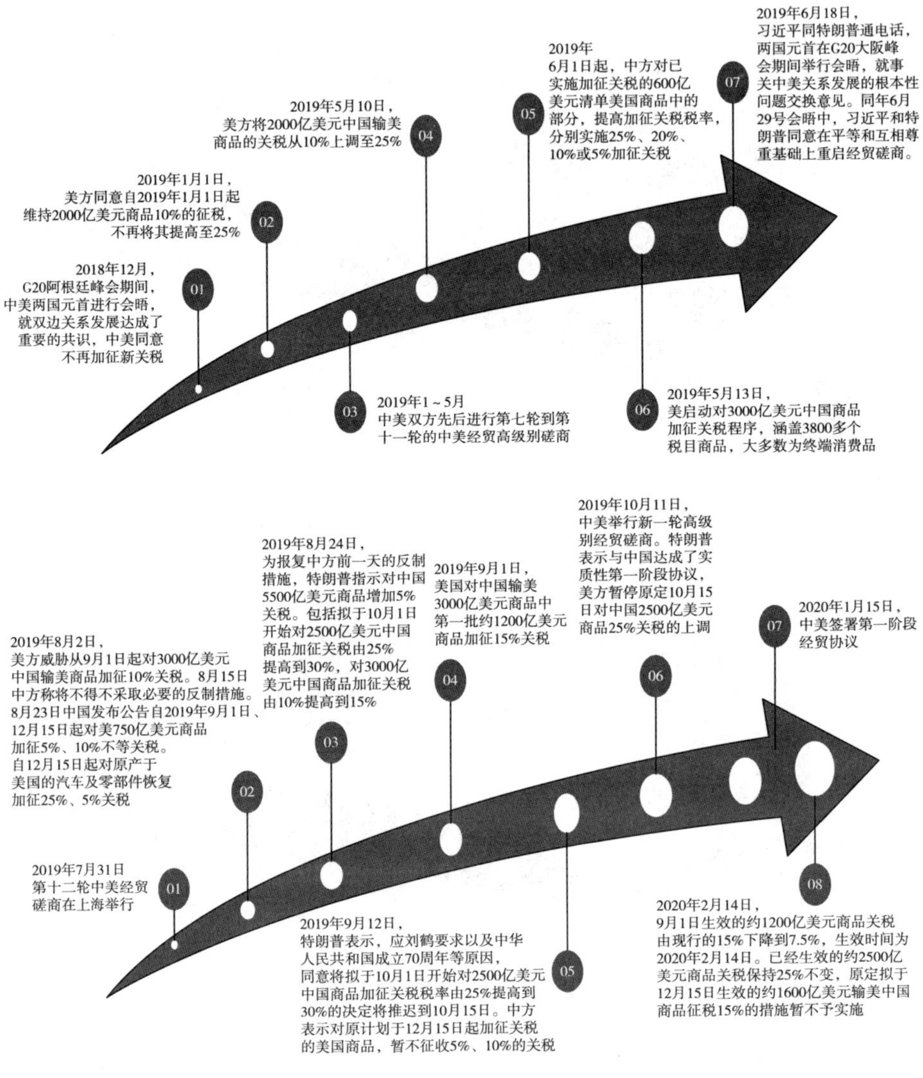

图 2.1　特朗普启动中美贸易摩擦的过程

必须指出：2021 年 1 月 15 日签订的中美第一阶段经贸协议本来为中美摆脱对抗、寻求合作共赢找到了可能的路径。重温两国领导人的讲话有助于深刻理解这种可能性。

习近平主席指出，我们有一千条理由把中美关系搞好，没有一条理由把中美关系搞坏[①]。中美合作，两国和世界都会受益；中美对抗，两国和世界都会遭殃。中美关系不是一道是否搞好的选择题，而是一道如何搞好的必答题[②]。特朗普表示，中美第一阶段经贸协议的签署迈出了具有里程碑意义的一步，对中国、美国和整个世界都是一件好事。中国是一个伟大的国家。他非常重视中美两国的双边关系，非常敬佩习近平主席的非凡睿智和领导力。中美关系十分重要，两国正在经贸及其他领域广泛开展密切合作，这有利于促进世界的和平与繁荣。美国期待与中国开展更多领域的合作。他期待在不久的将来再次访问中国。

遗憾的是，协议签署后突如其来的新冠肺炎疫情打断了中美寻求合作共赢的进程。当时间走到 2021 年的下半年，许多国人看到疫情期间因境外供应链暂停运作所带来的出口达到历史新高的成绩，以为拜登政府会在要求中国政府履行第一阶段经贸协议、完成增加 2000 亿美元的美国商品进口的同时，取消对中国输美商品加征的关税。其实，中美第一阶段经贸协议确定的中国在 2021 年年底前增加进口 2000 亿美元的美国商品的义务并不以双方取消已经加征的关税为前提，也就是说，中国增加进口的对价并非美国已经采取的加征关税措施，而是美国不得采取措施进一步使中美贸易关系恶化。也就是说，美国不得将打算实施但尚未实施的贸易摩擦措施付诸实施。这些措施就是特朗普政府曾经表述的对中国另外 3000 亿美元商品加征 25% 关税以及将来对所有中国进口商品加征 45% 的关税。这些措施如果实施，效果将等同于中美经济脱钩。所以，中美贸易摩擦对中国经济的挑战比大多数人想象得更严峻。

从 2020 年 2 月 14 日以来，美国对中国输美的 2500 亿美元的商品加征 25% 的关税，对 1200 亿美元的商品加征 7.5% 的关税；中国对美国输中的 500 亿美元商品加征 25% 关税，对 600 亿美元商品加征 25%、20%、10% 或

---

① 人民网. 有一千条理由把中美关系搞好. 2018-01-04，http://theory.people.com.cn/n1/2018/0104/c416126-29746003.html。

② 央视网. 外交部谈中美元首通话：中美对抗　两国和世界都会遭殃. 2021-09-10, http://m.news.cctv.com/2021/09/10/ARTI5DBSnYAo4L9YeKjpxSdn210910.shtml。

5% 的关税。就如美国有加征关税的豁免程序一样，中国进口美国商品的企业如果遭遇加征关税，也可以向中国商务部申请豁免。

第六节　贸易的重要性

我们前面阐述了贸易畅通导致全球化，也指出特朗普聚焦贸易逆差在原理上是正确的。与特朗普如此重视贸易问题相对应的，是中国人普遍忽视了贸易的重要性。例如，有人认为美国发动贸易摩擦不是为了贸易，而是为了金融；还有人认为美国发动贸易摩擦不是为了贸易，而是为了技术；更有不少人捧出抽象的“霸权概念”，认为美国发动贸易摩擦不是为了贸易，而是为了霸权，为了遏制中国。这些观点没有意识到：中国改革开放之所以能成功，离不开由贸易而推动的全球化这个最基础的外部条件。

实际上，金融、技术、霸权都不见得比贸易重要。贸易形成货物流，货物流对应资金流，这是产生金融的最原始模式。现代金融虽然有大量的股权投资等投资方面的内容，但股权交易本身也是贸易。技术实现价值的途径无非贸易或自用，没有贸易的自给自足的封闭式技术应用并不能催生技术的快速发展。美英资本主义的霸权与奴隶社会、封建社会甚至苏联的霸权完全不一样。屠杀或奴役敌国男人、抢夺女人和资源、霸占对方领土等传统的霸权目标不适用于美英资本主义。英国赢得鸦片战争后要求的是贸易利益；八国联军攻入北京后，以保全清朝统治来获取赔偿和贸易利益；“二战”后的1945 年以来，美国空前强大，此时的美国没有把重心放在别国领土，而是提出 GATT，在西方阵营建立自由贸易体制。中国加入 WTO，解决了贸易问题，带来了经济的跳跃式发展和金融、技术、国防建设的全面壮大。所以，贸易才是根本。

中美贸易纠纷与日美贸易纠纷最大的不同是：媒体上很少有人仔细分析贸易纠纷本身，少有人承认中美贸易顺差太大、两国应该磋商削减，更少有人发声认为2018年3月特朗普要求将贸易顺差减少1/3左右有其合理性。相反，中国的民族激愤程度很高，大家都从中美对抗的角度发声。而中国的这种反应又激发更多的美国人赞同美中对抗。这样的相互正反馈，最终越来越接近于触发真正的中美对抗。

日本人承认日美两国间贸易逆差太大不可持续。日本当初接受“广场协议”，其后日元升值2～3倍。那时日本人变得很有钱，全世界采购，甚至有日本人想买下美国纽约的自由女神像。所以日元升值对日本民众并没有不好。日本20多年的停滞不能怪美国逼迫日元升值，因为日元不升值世界经济就无法归于均衡。日本经济发展停滞的主要原因在于硬性挑破泡沫和人口下降问题。现在也许人民币升值是解决中美贸易纠纷的最好办法。人民币升值使国家和民众更富裕，使创新驱动更有力，能够真正解决中美贸易顺差问题。

我们应该承认中国从中美贸易顺差中得到的好处：据统计，从1985年到2018年，中国从美国获得的贸易顺差高达5万亿美元，这不仅为中国现今3万多亿美元的外汇储备贡献了约70%的份额，而且中国人民银行由购买美元而发行的天量货币，直接推动经济在没有恶性通货膨胀的情况下向上迅猛发展。巨量的贸易顺差为中国奠定了强大的基础和实施“一带一路”倡议的条件。

究其原因，首先是“外汇占款”的快速增长，是近30年货币发行量M2快速增长的主要原因。其次，中国人民银行并非凭空发行天量货币，而是有购买的美元作为对价，因此中国既发行了天量货币，又没有恶性通货膨胀。最后，根据经济学原理，发行天量货币一定会推动经济大幅增长。而中国经济在没有恶性通货膨胀的情况下向上迅猛发展是中国改革开放的最显著成果。

关于“‘外汇占款’的快速增长，是近几年货币发行量M2快速增长的主要原因”，可以参考表2.1。

表 2.1　2002—2021年“外汇占款”占总资产比例

单位：亿元；%

年份	2002 年	2003 年	2004 年	2005 年	2006 年	2007 年	2008 年	2009 年	2010 年	2011 年
外汇占款	22107.39	29841.8	45939.99	62139.96	84360.81	115168.71	149624.26	175154.59	206766.71	232388.73
总资产	51107.58	62004.06	78655.33	103676.01	128574.69	169139.8	207095.99	227535.02	259274.89	280977.6
占比	43.26	48.13	58.41	59.94	65.61	68.09	72.25	76.98	79.75	82.71
年份	2012 年	2013 年	2014 年	2015 年	2016 年	2017 年	2018 年	2019 年	2020 年	2021 年
外汇占款	236669.93	264270.04	270681.33	248537.59	219425.26	214788.33	212556.68	212317.26	211308.1	212867.2
总资产	294537.19	317278.55	338248.79	317836.97	343711.59	362931.62	372492.06	371130.48	387675.54	395702.25
占比	80.35	83.29	80.02	78.20	63.84	59.18	57.06	57.21	54.51	53.79

数据来源：中国人民银行。

根据表 2.1 的数据：人民银行“外汇占款”占总资产的比例在持续上升，2013 年达到了峰值 83.29%。2014 年到 2021 年“外汇占款”的金额逐渐降低，到 2021 年，为 21.3 万亿元，“外汇占款”占总资产的比例为 53.79%。

之所以“外汇占款”金额如此之大，主要是因为货物贸易和外商投资的“双顺差”。而“双顺差”中，贸易顺差是绝对的大头。

单就进口税收而言，中国加入 WTO 后关税平均水平下降为 9%，但仍然比发达国家高 3 倍。此外，中国对几乎所有进口商品还依据关税完税后的价格加征 13% 的进口增值税，也就是说中国进口环节的平均税率水平实际高达 23%，比美国高 8 倍。实际上，不仅中国，欧盟也是收进口增值税的。因此，在贸易问题上，美国不但对中国，而且与欧盟、韩国、墨西哥、加拿大等均发生了贸易摩擦。

美国没有对等地收取进口增值税，削弱了美国制造的竞争力。美国可能是贸易大国中唯一未采用增值税体制的国家。由于美国在进口环节仅征收关税，未收取进口增值税，使得美国进口环节的税收远低于其他国家。同时，美国企业因不缴增值税，就会在其他税种上有更重税负，导致美国制造企业生产的产品更难与进口商品竞争。这可能是全球化背景下德国和日本的制造业能够很好生存，而美国难以生存的关键原因。特朗普政府智库曾经在 2016 年底提出对所有进口商品收取“过境税”的设想。该设想的合理之处在于：与其他国家“对等地”收取进口环节税。可能是顾忌到收取“过境税”将遭遇全世界的反对，特朗普政府最终选择主要以“双边贸易谈判”的方式来解决贸易逆差问题。这样做的好处是：由于美国对绝大多数国家都有贸易逆差，因此双边的谈判更有利于美国；这样做的坏处是：双边的谈判要和数以百计的国家和地区一一进行，一届总统根本没有时间来完成这些双边谈判。特别当谈判一开始就遭遇不妥协和强硬反击时，这种从根本上改善美国贸易逆差的努力就难以完成。

第七节　酝酿中的国际关系新格局

在未来十年，国际关系将围绕中美两极而展开。由于中国已经表示不会改变改革开放的政策，国际关系总体上不会回归美苏“冷战”的局面，而是在合作中竞争。这种竞争更多的不是呈现白热化的对抗，而是比试内力、智力和情商。

首先必须认识到美国经济的发展前景并没有问题，美国经济不会衰败。之所以这样说，是因为人工智能（AI）技术的高速发展为制造业回归美国带来了希望。“AI+ 机器人”技术能够有效解决美国工人工资太高的问题，使人工成本在总的生产成本中可以被忽略。本章第三节表明，全球化的未来走向对美国总体是有利的。即使在政治上，西方民粹主义和逆全球化运动最终都会因其经济目标的实现而归于平寂。但美国的前景并非没有阴影，美国和欧洲民粹主义的另一个冲击对象是“白左”，他们之间的斗争将长久撕裂美国政治。这种撕裂是否会造成美国的动乱以及“白左”是否真的会将美国带向南非化和拉美化是一个有待观测的问题。

从中国这边看，中国方兴未艾。中国的阴影来自中美竞争。美国以及西方跨国公司将致力于建设不含中国供应商的供应链，并寻求非中国供应链在技术上领先中国 2 代以上。中国将奋力建设全产业链，可能会建成世界上唯一的、可实现自我循环的工业体系。

中国建设全产业链的成就不一定能缩短中国人民与西方发达国家人民的贫富差距，但一定能提高中国的重要性和话语权。关于缩短中国人民与西方发达国家人民的贫富差距问题，主要取决于人民币汇率。如果市场真实的人民币汇率今后能够显著提升，则说明中国缩短了与西方发达国家的贫富差距；如果市场真实的人民币汇率今后显著贬值，则说明中国与西方发达国家的差距在拉大；如果市场真实的人民币汇率基本维持现状，则说明中国与西方发达国家的差距基本维持现状。预计未来将存在两股相反的人民币汇率升降动力：一是美国及其盟国建设不含中国供应商的供应链的努力，将显著压低中国的出口创汇，促使人民币贬值；二是中国建成全产业链后势必减少从世界的进口，从而推动人民币升值。这两股相反方向的力量究竟哪股更大，既取决于中国自己的努力，也很大程度上取决于东南亚和印度等国构建非中国产业链的成效。因为中美摩擦对中国台湾地区，以及越南、印度以及印度尼西亚等国家和地区是发展经济的绝好机遇，这些国家和地区能否抓住机遇替代中国的制造业大国地位将反过来影响中国的世界地位。这里最值得关注的是印度，因为印度人口可能很快会超过中国，如果印度成功建设成为制造业大国，对中国的替代和遏制作用是巨大的。必须承认，东南亚和印度等国家和地区成功建构可媲美中国供应链的新供应链的概率较大。根据历史经验，美国企业的投资带来资金、产业和新想法、新科技；美国所提倡的开放、整合和以规则为基础的国际秩序有利于形成繁荣的生态；美国还会出钱和人力保护区域安全和航道开放。因此未来不排除越南、印度以及印度尼西亚在人均国民收入方面追上中国的可能性。

还需要指出，中国建构全产业链的努力本身并不符合国际比较利益原理，因此内循环为主的发展效率将逊色于国际化大循环。所以，构建以国内大循环为主体、国内国际双循环相互促进的新发展格局是一个完整的睿智构想，国内大循环与国内国际双循环缺一不可。也正因如此，未来中国开放型经济仍将大有可为。

供讨论的问题

1. 你认为西方民粹主义与“白左”的冲突将如何演变？可能的前景

如何？

2. 美国重振制造业的时机如何？会取得成功吗？

3. 如果2024年特朗普不能竞选美国总统，特朗普势力的影响力会逐渐淡出吗？

4. 你同意人工智能技术的发展会影响全球化的未来走向吗？关于全球化的未来走向你还有更多预测吗？

5. 把中美贸易摩擦说成并非贸易问题而是地缘政治问题对于中美两国处理贸易纠纷会有影响吗？这样的一种认识对中国有好处吗？好处大还是坏处大？

6. 中美关系恶化对美国有哪些影响？美国还可能收“过境税”吗？

7. 目前中美关系恶化有太多情绪上的因素吗？

8. 关于中美之间已经不存在敌对的价值观和意识形态以及将来双方都能实现自己的价值观和意识形态诉求的论述是否具有逻辑性和可能性？

9. 分析一个围绕中美两极而展开的国际关系新格局对于中国的利弊影响。

10. 你知道苏联空军中校斯坦尼斯拉夫·彼得罗夫（Stanislav Petrov）吗？

第三章

中国开放型经济的宏大图卷

第一章和第二章剖析了中国快速发展的外部因素。但仅满足外部因素并不能保证中国经济腾飞。印度、印度尼西亚、非洲国家都与中国一样拥有全球化的外部条件，但这些国家都未能实现经济的腾飞。这说明，实现经济腾飞除了外因，还需要有内因。外因通过内因而起作用。中国高速发展的内因主要有：稳定的国内政治和高效的治理能力、人口红利和勤劳的人民、正确的战略策略措施。对于前两条造成中国腾飞的内因，国内外基本都没有争议。但对于中国采取了正确的战略策略措施这个内因，大家却未必能很好地理解和知晓。本章分析中国在开放型经济上采取的战略策略措施。

第一节　中国改革开放的六大关键节点

1978 年 12 月 18 日至 22 日，中共十一届三中全会做出了把全党的工作重点转移到社会主义现代化建设上来的决定，在思想、政治、组织上实现了拨乱反正，并且启动了农村改革的新进程，因此，大会召开的时间也通常被认为是中国改革开放的起点。实际上在此之前，有两个意义重大的改革已经为中国的改革开放拉开序幕，那就是 1977 年的恢复高考和 1978 年 11 月安徽小岗村 18 枚农民红手印开启的分田到户大包干。中共十一届三中全会以来的改革开放经历了如下六大关键节点。

一、1978年中国开启改革开放伟大征程

1978 年 12 月，以中共十一届三中全会为标志，中国开启了改革开放的伟大征程。40 多年来，从“真理标准大讨论”出发，改革开放始终是响彻神州大地的时代呼声。从农村到城市，从试点到推广，从经济体制改革到全面深化改革，改革的精神一脉相承；从沿海到内陆，从“打开国门”到“全方位开放”，从加入世贸组织到共建“一带一路”，开放的步伐一往无前。今天，中国共产党成功开辟出一条通往现代化的中国特色社会主义道路；1978 年人均国民总收入只有 200 美元、尚不能解决温饱问题的中国，已经跃升为世界第二大经济体；近代以来矢志伟大复兴的民族，终于实现了从“赶上时代”到“引领时代”的伟大跨越。

习近平总书记指出，改革开放这一关键抉择堪称第二次革命[①]。改革开放是当代中国最鲜明的特色，是我们党在新的历史时期最鲜明的旗帜。改革开放是决定当代中国命运的关键抉择，是党和人民事业大踏步赶上时代的重要法宝[②]。改革开放是我们党的历史上一次伟大觉醒，正是这个伟大觉醒孕育了新时期从理论到实践的伟大创造[③]。改革开放是坚持和发展中国特色社会主义的必由之路，所以必须始终把改革创新精神贯彻到治国理政各个环节，不断推进我国社会主义制度自我完善和发展[④]。

二、1992年党的十四大提出建立和完善社会主义市场经济体制

1949 年，中华人民共和国成立后学习苏联长期实行计划经济。1981 年，

---

① 新华社. 习近平会见出席“2018从都国际论坛”外方嘉宾. 2018-12-12，http://jhsjk.people.cn/article/30462868。

② 《习近平谈治国理政 第二卷》，外文出版社2017年版，第39页。

③ 人民网. 习近平在广东考察时强调：做到改革不停顿开放不止步. 2012-12-11，http://jhsjk.people.cn/article/19864660。

④ 《习近平谈治国理政 第一卷》，外文出版社2014年版，第13页。

中共十一届六中全会提出“以计划经济为主，市场调节为辅”的理论。1987年，党的十三大提出“社会主义有计划商品经济的体制应该是计划与市场内在统一的体制”的观点。1992年，邓小平南方讲话时提出要建立社会主义市场经济体制。1992年10月，党的十四大正式提出建立社会主义市场经济体制的目标。

传统经济学理论，包括西方经济学理论和马克思经济学理论，都不认为社会主义能搞市场经济。西方经济学理论认为，商品交换和市场经济都是建立在私有制的基础上的，社会主义国家只要坚持搞公有制，就不能搞市场经济。马克思、恩格斯曾设想，在消灭了资本主义私有制以后，未来社会将不存在商品货币关系。正因为突破了以上理论传统，所以说：社会主义市场经济体制是一种史无前例的体制，是中国共产党的一次真正的理论创新，是社会主义经济体制的一次真正变革，是中国特色社会主义道路探索中的一个伟大创举。

三、2001年中国加入世界贸易组织

2001年12月11日，中国加入世界贸易组织。世界贸易组织，英文缩写为WTO，是一个总部设在日内瓦的独立于联合国的永久性国际组织，其前身是第二次世界大战后在1948年由23个国家签署成立的《关税与贸易总协定》，中国为原始缔约国之一。2001年9月17日，世界贸易组织中国工作组第18次会议，通过了中国入世议定书及附件和中国工作组报告书，这标志着跨越两个世纪、历时15年之久的中国复关与入世谈判的全部结束，加入WTO是2001年12月以来中国快速发展的触发因素。

四、2005年出台《中华人民共和国公务员法》

2005年4月27日，第十届全国人民代表大会常务委员会第十五次会议

通过《中华人民共和国公务员法》，从此公务员招聘告别了招聘单位领导层决定的历史，进入了国家统一考试、统一录取的全新阶段。笔者认为这一改革的意义表现在如下五个方面：

（1）体现了社会的公平正义。公务员考试与中国过去绵延千年的科举考试、现今的高考一样，具有无可争议的公平性，这显露了正义和光明。

（2）为社会大众开通了进入公务员队伍的渠道。纯粹的市场经济容易出现马太效应，使富者的后代越富、贵者的后代越贵，从而造成更强的阶级分化和社会分层。中国的公务员招聘打破了阶级分化和社会分层。

（3）将来决定中国前途命运的大量决策将由更知识化、年轻化、专业化的公务员群体来做出，这种决策的正确率将大幅提升。

（4）杜绝了大量不合格者“走后门”进入党政机关。

（5）凝聚了党心民心。现今的大学生群体对党和国家越来越忠诚。这固然与中国实现小康、消灭贫困密切相关，但也与公务员考试为他们创造的发展机遇密不可分。

目前，国内外对中国公务员统一考试、统一录取这一重大改革措施的重要意义的认识普遍不充分。随着时间的推移，相信人们会逐步认识到这一改革的历史意义。

五、2007年提出提高自主创新能力，建设创新型国家

2007 年，党的十七大报告明确指出，提高自主创新能力，建设创新型国家是国家发展战略的核心。

六、2017中国特色社会主义进入新时代

2017 年，党的十九大报告明确指出，中国特色社会主义进入新时代，中华民族迎来了从站起来、富起来到强起来的伟大飞跃，迎来了实现中华民

族伟大复兴的光明前景。我国经济已由高速增长阶段转向高质量发展阶段。

第二节 中国对外开放的层次和格局

中国对外开放是在中国共产党的领导下有序进行的。虽然并非存在一个对外开放的详细规划，但总体的开放思路是明晰的，即由东向西、由南向北的渐进开放步骤以及由“点”到“线”再到“面”的开放过程。按照这样的思路，中国用 30 年左右的时间，构造了全方位、多层次、宽领域的对外开放格局。

开放的第一步和第一个层次：1979 年 7 月，创办深圳、珠海、厦门、汕头 4 个出口特区，1980 年改称为经济特区。这 4 个城市总体均为经济特区，当时并无在城市内建设经济技术开发区的概念。

开放的第二步和第二个层次：1984 年开放大连、秦皇岛、天津、烟台、青岛、连云港、南通、上海、宁波、温州、福州、广州、湛江、北海等 14 个沿海城市。相应地，在每个沿海开放城市建 1 个国家级经济技术开发区，国家给每个经济技术开发区数亿元的贷款支持。

开放的第三步和第三个层次：1985 年，把长江三角洲、珠江三角洲和闽南厦门、漳州、泉州三角洲地区开辟为沿海经济开放区。1988 年，进一步扩大了长江三角洲、珠江三角洲和闽南三角洲地区经济开放区的范围，并把辽东半岛、山东半岛、环渤海地区的一些市、县和沿海开放城市的所辖县列为沿海经济开放区。开放的区域共 288 个市、县，约 32 万平方千米、1.6 亿人口。

开放的第四步（层次上不低于第三个层次）：1992 年，开放沿江及内陆和沿边城市。具体指长江沿岸的芜湖、九江、岳阳、武汉和重庆等 5 个城市，合肥、南昌、长沙、成都、郑州、太原、西安、兰州、银川、西宁、乌鲁木齐、贵阳、昆明、南宁、哈尔滨、长春、呼和浩特等 17 个内陆省会城市，以及从东北、西北到西南地区的黑河、绥芬河、珲春、满洲里、二连浩特、伊宁、博乐、塔城、普兰、樟木、瑞丽、畹町、河口、凭祥、东兴等内陆边境的沿边城市。

第五步（层次上高于第三个层次）：2000 年开始西部大开发。西部大开发的范围覆盖四川省、陕西省、甘肃省、青海省、云南省、贵州省、重庆市、广西壮族自治区、内蒙古自治区、宁夏回族自治区、新疆维吾尔自治区、西藏自治区等 12 个省（自治区、直辖市）以及湖北省恩施土家族苗族自治州、湖南省湘西土家族苗族自治州、吉林省延边土家族苗族自治州等 3 个地级行政区。

第六步（层次上高于第三层次）：2006 年实施中部崛起战略。中部地区包括山西省、安徽省、江西省、河南省、湖北省、湖南省等 6 省。

以上 6 个步骤的前 4 个都是聚焦于开放政策。西部大开发和中部崛起虽然包含开放的内容，但政策内涵远超开放，政策核心是中央的财税支持。除以上 6 个步骤以外，1990 年的浦东开发开放，1988 年设立海南省和海南经济特区，2004 年振兴东北，2010 年设立新疆喀什和霍尔果斯两个经济特区，均体现了中国区域对外开放的层次和格局。

以上发展虽然体现了从“点”到“线”再到“面”的历程，但基础的元素仍然是中国的城市。例如，沿海开放城市虽然构成了一条线，但这条线实际是由 14 个城市的点组成的。中国改革开放 40 多年的实践表明，中国的城市是经济发展中最积极、最关键的动力。根据截至 2021 年 5 月底的数据，在城市开放过程中，中国除整体建设了 7 个经济特区外，还建立了上海浦东、天津滨海等 19 个国家级新区，219 个国家级经济技术开发区，169 个国家级高新技术产业开发区以及 164 个海关特殊监管区。海关特殊监管区中，计有 151 个综合保税区、9 个保税区、2 个保税港区、1 个出口加工区和 1 个珠澳跨境工业区珠海园区。

关于对外开放的层次，目前没有清晰的、富有逻辑的划分，但开放层次的差异肯定存在。例如，当前开放程度最高的无疑是海南自由贸易港。又如，沿海开放城市比沿海经济开放区的开放程度更高，尽管历经30多年后两者的开放程度已经几乎相同，但目前仍然存在一些政策差异。例如，苏州市尽管经济发展和对外开放水平在江苏省遥遥领先，但不能签发因公出国护照；而同在江苏省的南通市和连云港市，因为属于沿海开放城市就能够签发因公出国护照。

第三节 “一带一路”倡议

习近平总书记在2013年9月和10月分别提出建设“丝绸之路经济带”[①]和“21世纪海上丝绸之路”[②]的构想，强调相关各国要打造互利共赢的“利益共同体”和共同发展繁荣的“命运共同体”。

千百年来，亚欧大陆上勤劳勇敢的人民，探索出多条连接亚欧非几大文明的贸易和人文交流通路，后人将其统称为“丝绸之路”。“丝绸之路”这个名称是100多年前一个德国人的“发明”，他的名字叫费迪南·冯·李希霍芬。狭义的丝绸之路一般指陆上丝绸之路。广义上讲又分为陆上丝绸之路和海上丝绸之路。中国古代出使西域的张骞，投笔从戎的班超，永平求法的佛教东渡，西天取经的玄奘，都与这条路相关。除丝绸之路的称呼外，中国

① 习近平：创新合作模式 共同建设“丝绸之路经济带”，人民网，2013-09-07，http://cpc.people.com.cn/n/2013/0907/c164113-22840646.html。

② 习近平：中国愿同东盟国家共建21世纪“海上丝绸之路”，人民网，2013-10-03，http://politics.people.com.cn/n/2013/1003/c1001-23101127.html。

古代还有茶马古道和玉石之路的说法。考古新发现的神秘的三星堆文物兆示：丝绸之路在5000年至3000年前就已经发挥巨大作用。2014年6月，中国、哈萨克斯坦、尔吉吉斯斯坦三国联合申报的陆上丝绸之路东段“长安—天山廊道的路网”成为世界文化遗产。

“丝绸之路经济带”和“21世纪海上丝绸之路”覆盖范围至今没有严格的标准定义。“丝绸之路经济带”是在古丝绸之路概念基础上形成的一个新的经济发展区域。笔者认为：我国陆路向西直到欧洲的所有沿线国家都属于“丝绸之路经济带”；郑和下西洋途经区域，加上沿红海经苏伊士运河到地中海到达欧洲，再加上经印度尼西亚向东到达斐济等太平洋岛国，都属于“21世纪海上丝绸之路”。

历史上，海上丝绸之路并不是一条固定的线路，目前，通常把郑和下西洋所经过的航线都算作海上丝绸之路的范围。1405年，明朝皇帝朱棣命郑和率士兵28000多人出使西洋，在南京造长44丈宽18丈的大船62艘。郑和从南京出发，从苏州市的太仓市刘家港聚集起锚，从福建泉州离开国境。到达的地方涉及现代的17个国家，包括越南、泰国、马来西亚、印度尼西亚、菲律宾、斯里兰卡、肯尼亚等。

2015年3月28日，中国国家发展改革委、外交部和商务部联合发布《推动共建丝绸之路经济带和21世纪海上丝绸之路的愿景与行动》。中国秉持和平合作、开放包容、互学互鉴、互利共赢的理念，坚持共商、共建、共享原则，积极推进沿线国家发展战略的相互对接，推动政策、设施、贸易、资金以及民心的联通，打造政治互信、经济融合、文化包容的利益、命运和责任共同体。

在中国“一带一路”倡议中，打造中蒙俄经济走廊、新亚欧大陆桥经济走廊、中国—中亚—西亚经济走廊、中国—中南半岛经济走廊、中巴经济走廊和孟中印缅经济走廊等“六大经济走廊”具有重要的地缘战略意义。

提出“一带一路”倡议的经济基础是改革开放30多年来中国积累了近4万亿美元的外汇储备。这笔外汇必须寻求最佳用途。从这里我们再次看到贸易的重要性，因为中国的外汇储备主要来源于贸易顺差。与“一带一路”

沿线国家或地区见效最快的合作项目是海外基础设施建设项目。这些项目很多是由中国进出口银行、国家开发银行以及亚洲基础设施投资银行给予买方信贷，由项目所在国财政部门予以担保，项目总承包方是中国的公司。由此，中国企业成功开拓了面大量广的“一带一路”国家基础设施建设市场。尽管这些基础设施建设的资金来源于中国，项目所在国政府是否能按期还款存在大量风险，但“一带一路”沿线如此众多的国家和地区的基础设施建设正在贡献中国的 GNP（国民生产总值），中国由此获得的利益已经是巨大的。

第四节　建立自由贸易试验区

我国自由贸易试验区（以下简称“自贸区”）经历“1+3+7+1+6+‘1’+3”的扩建过程。

2013 年，国家建立中国（上海）自贸区。当时上海自贸区涵盖外高桥保税区、外高桥保税物流园区、洋山保税港区、上海浦东机场综合保税区等 4 个海关特殊监管区，战略定位是成为我国进一步融入经济全球化的重要载体，打造中国经济升级版。2014 年，上海自贸区拓展到金桥出口加工区、张江高科技园区、陆家嘴金融贸易区等 3 个非海关特殊监管区，总面积 120.72 平方千米。2019 年，上海自贸区又新增临港新片区，这是自贸区第一次建设在非建成区上，新片区战略定位是建立比较成熟的投资贸易自由化、便利化制度体系，打造一批更高开放度的功能型平台，集聚一批世界一流企业，区域创造力和竞争力显著增强，经济实力和经济总量大幅跃升，打造全球高端资源要素配置的核心功能，成为我国深度融入经济全球化的重要载体。如此，上海自贸区总面积达 873 平方千米。

2014年，国家批准设立广东、天津、福建等3个自贸区。3个自贸区面积均接近120平方千米。其中，广东自贸区涵盖广州南沙新区、深圳前海蛇口、珠海横琴新区等3个片区，战略定位是打造开放型经济新体制先行区、高水平对外开放门户枢纽和粤港澳大湾区合作示范区；天津自贸区涵盖天津港、天津机场、滨海新区中心商务区等3个片区，战略定位是成为京津冀协同发展高水平对外开放平台、全国改革开放先行区和制度创新试验田、面向世界的高水平自由贸易园区；福建自贸区涵盖福州、厦门、平潭等3个片区，战略定位是建设成为改革创新试验田、深化两岸经济合作的示范区、21世纪海上丝绸之路核心区，打造面向“21世纪海上丝绸之路”沿线国家和地区开放合作新高地。

2016年，国家批准成立辽宁、浙江、河南、湖北、重庆、四川、陕西7个自贸区。7个自贸区面积均接近120平方千米。其中，辽宁自贸区涵盖大连、沈阳、营口等3个片区，战略定位是建设成为提升东北老工业基地发展整体竞争力和对外开放水平的新引擎；浙江自贸区涵盖舟山离岛、北部、南部等3个片区，战略定位是建设成为东部地区重要海上开放门户示范区、国际大宗商品贸易自由化先导区和具有国际影响力的资源配置基地；河南自贸区涵盖郑州、开封、洛阳等3个片区，战略定位是建设成为服务于“一带一路”建设的现代综合交通枢纽、全面改革开放试验田和内陆开放型经济示范区；湖北自贸区涵盖武汉、襄阳、宜昌等3个片区，战略定位是成为中部有序承接产业转移示范区、战略性新兴产业和高技术产业集聚区、全面改革开放试验田和内陆对外开放新高地；重庆自贸区涵盖两江、西永、果园港等3个片区，战略定位是建设成为“一带一路”和长江经济带互联互通重要枢纽、西部大开发战略重要支点；四川自贸区涵盖成都天府新区、成都青白江铁路港、川南临港等3个片区，战略定位是建设成为西部门户城市开发开放引领区、内陆开放战略支撑带先导区、国际开放通道枢纽区、内陆开放型经济新高地、内陆与沿海沿边沿江协同开放示范区；陕西自贸区涵盖中心、西安国际港务区、杨凌示范区等3片区，战略定位是建设成为全面改革开放试验田、内陆型改革开放新高地、“一带一路”经济合作和人文交流重要支点。

2018 年，国家批准设立中国（海南）自由贸易试验区。实施范围为海南岛全岛。战略定位是建设全面深化改革开放试验区、国家生态文明试验区、国际旅游消费中心和国家重大战略服务保障区，打造成为我国面向太平洋和印度洋的重要对外开放门户。

2019 年，国家批准设立山东、江苏、广西、河北、云南、黑龙江 6 个自贸区。6 个自贸区面积均接近 120 平方千米。其中，山东自贸区涵盖济南、青岛、烟台等 3 个片区，战略定位是加快推进新旧发展动能接续转换、发展海洋经济，形成对外开放新高地；江苏自贸区涵盖南京、苏州、连云港等 3 个片区，战略定位是着力打造开放型经济发展先行区、实体经济创新发展和产业转型升级示范区；广西自贸区涵盖南宁、钦州港、崇左等 3 个片区，战略定位是着力建设西南中南西北出海口、面向东盟的国际陆海贸易新通道，形成“21 世纪海上丝绸之路”和“丝绸之路经济带”有机衔接的重要门户；河北自贸区涵盖雄安、正定、曹妃甸、大兴机场等 4 个片区，战略定位是积极承接北京非首都功能疏解和京津科技成果转化，着力建设国际商贸物流重要枢纽、新型工业化基地、全球创新高地和开放发展先行区；云南自贸区涵盖昆明、红河、德宏等 3 个片区，战略定位是着力打造“一带一路”和长江经济带互联互通的重要通道，建设连接南亚东南亚大通道的重要节点，推动形成我国面向南亚东南亚辐射中心、开放前沿；黑龙江自贸区涵盖哈尔滨、黑河、绥芬河等 3 个片区，战略定位是着力深化产业结构调整，打造对俄罗斯及东北亚区域合作的中心枢纽。

2019 年，国家批准设立海南自由贸易港。实施范围为海南岛全岛。战略定位是建立以贸易和投资自由便利为重点的自由贸易港政策制度体系，成为我国开放型经济新高地，建成具有较强国际影响力的高水平自由贸易港。

2020 年，国家批准设立北京、湖南、安徽等 3 个自贸区和浙江自贸区扩展区。这 4 个区的面积均接近 120 平方千米。其中，北京自贸区涵盖科技创新、国际商务服务、高端产业等 3 个片区，战略定位是建设具有全球影响力的科技创新中心，加快打造服务业扩大开放先行区、数字经济试验区，着力构建京津冀协同发展的高水平对外开放平台；湖南自贸区涵盖长沙、岳阳、郴州等 3 个片区，战略定位是着力打造世界级先进制造业集群、联通长江经济带和粤港澳大湾区的国际投资贸易走廊、中非经贸深度合作先行区和内陆开放新高地；安徽自贸区涵盖合肥、芜湖、蚌埠等 3 个片区，战略定位是发挥在推进“一带一路”建设和长江经济带发展中的重要节点作用，推动科技创新和实体经济发展深度融合，加快推进科技创新策源地建设、先进制造业和战略性新兴产业集聚发展，形成内陆开放新高地；浙江自贸区扩展区涵盖宁波、杭州、金义等 3 个片区，战略定位是着力打造以油气为核心的大宗商品资源配置基地、新型国际贸易中心、国际航运和物流枢纽、数字经济发展示范区和先进制造业集聚区，成为引领开放型经济高质量发展的先行区和增长极、原始创新高端制造的重要策源地、推动国际经济交往的新高地、新时代全面展示中国特色社会主义制度优越性重要窗口的示范区。

第五节 中美战略对话

中美战略对话是根据两国元首达成的共识于 2005 年 8 月正式启动的，是中美在战略和政治层面进行深入沟通的重要机制。建立这样的高层战略对话机制有效保障了中美关系朝向友好和合作的方向发展。

改革开放以来，中国实行对美友好和韬光养晦的外交战略，赢得了发展空间和时间。在中美制度迥异、存在基础价值观冲突的情况下，中国能够在长达 40 年的时间里维持中美友好并充分享受全球化红利是非常难能可贵的。即使在 1989 年和 1990 年，中国均能获得美国给予的最惠国待遇。同样，能够建立中美战略对话机制进一步说明了中国的睿智。理论上，由于存在这样的机制，中美之间的任何分歧都可能获得解决。

第六节 积极谈判形成多边和双边自由贸易协议

在第一章第六节，我们谈到，WTO 允许和鼓励成员间谈判达成比 WTO 协议更加自由化的区域自由贸易协议，并且更深程度的区域贸易自由化成为当今热点。对外洽谈和签署自贸协定是中国对外开放的一个重要内容，也是扩大国际交流与合作的一个重要抓手。

到 2020 年底，中国已经和 24 个国家和地区签署了 16 个自由贸易协定，包括中国—格鲁吉亚、中国—韩国、中国—冰岛、中国—秘鲁、中国—新西兰、中国—巴基斯坦、中国—澳大利亚、中国—瑞士、中国—哥斯达黎加、中国—新加坡、中国—智利、中国—东盟等。这 16 个自由贸易协定可以说是立足周边、辐射“一带一路”、面向全球，既包括发达国家和地区，也包括一些发展中国家和地区。

自由贸易协定为我国开展国际贸易、投资合作提供了一个广阔的空间，为对外贸易投资关系的发展发挥了重要的推动作用。例如，我国和东盟的贸易在 2017 年达到了 5000 多亿美元，是刚刚实施中国—东盟自由贸易协定那一年贸易额的 6 倍。在实施自由贸易协定之前，中国原来是东盟的第五大贸易伙伴，现在已经成东盟的最大贸易伙伴。

需要说明的是，签署自由贸易协议的各成员国或地区间形成了“自由贸易区”。但这类“自由贸易区”与中国（上海）自由贸易试验区以及美国纽约自由贸易区、埃及赛德港自由贸易区的概念完全不同。这类“自由贸易协定”（Free Trade Agreement，简称 FTA），是独立关税主体之间以自愿结合方式，就贸易自由化及其相关问题达成的协定。独立关税主体之间因签署该贸易协定而形成自由贸易区。而上海自贸区（Free Trade Zone，简称 FTZ）是独立关税主体境内的一部分，其特点是单个主权国家（地区）的行为，一般需要进行围网隔离，且对境外入区货物的关税实施免税或保税，而不是降低关税。

2021 年，全面与进步跨太平洋伙伴关系协定（CPTPP）、中美投资协定、中欧投资协定、区域全面经济伙伴关系协定（RCEP）等 4 个协议对于中国具有特别重要的意义，现分别予以分析。

一、CPTPP

在加入世贸组织后的十年左右，中国最关切、最有意愿加入的国际多边协议是跨太平洋伙伴关系协定（Trans-Pacific Partnership Agreement，简称 TPP）。

TPP 是由亚太经济合作会议成员国中的新西兰、新加坡、智利和文莱等四国发起，从 2002 年开始酝酿的一组多边关系的自由贸易协定，原名亚太自由贸易区协定，后称跨太平洋伙伴关系协定。2008 年 9 月，美国参与 TPP 谈判，开始推行自己的贸易议题，主导 TPP 谈判。2015 年 10 月 5 日，美国、日本、澳大利亚、加拿大、新加坡、文莱、马来西亚、越南、新西兰、智利、墨西哥和秘鲁共 12 个跨越亚洲、大洋洲、北美洲和拉丁美洲的国家达成 TPP 协议。2017 年 1 月 23 日，美国总统特朗普上任后签署行政令，宣布美国退出 TPP。其后，除美国外的 11 国就继续推进 TPP 正式达成一致，11 国签署新的自由贸易协定，新名称为“全面与进步跨太平洋伙伴关系协定”（Comprehensive and Progressive Agreement for Trans-Pacific Partnership），简称 CPTPP。2021 年 9 月 16 日，中国正式申请加入 CPTPP；2021 年 12 月 14

日，韩国启动申请加入 CPTPP 的程序。

CPTPP 与 TPP 协定内容的差异主要是取消了原来美国要求写入的、主要与知识产权相关的 20 个条款。TPP 协议涵盖货物贸易、投资、海关、服务、电子商务、政府采购、知识产权、劳工、环境等 30 个章节，深入更多领域，构建了新的多边贸易体系。根据协议，相关国家间约 1.8 万种商品的关税将逐步减少或完全取消；纺织产品“从纱开始”之后的所有工序和原料，都要在 TPP 成员国内进行，才能享受 12 国内零关税的待遇；在投资领域，采用“负面清单”；协议要求 TPP 各国法律满足国际劳工组织的核心标准。

一般认为，2008 年美国时任总统奥巴马支持 TPP 旨在应对中国在亚洲日渐增强的实力，把中国隔绝在亚太最自由、最广大的自由贸易区之外。客观看，确实存在一种对中国极其不利的可能：未来 TPP 运行顺畅，使得参与国获得巨大利益，但中国始终不能加入。美国用 TPP 隔绝中国可以有两个手段：一是美国可以行使否决权；二是 TPP 协议中出现“成员必须允许企业职工自由成立独立工会”等中国不能接受的条款。

特朗普上任美国总统后的第三天即签署行政令退出 TPP，是为了维持关税对美国工人工作岗位的保护，但客观上也解除了美国用 TPP 隔绝中国、降低中国出口竞争力的风险。尽管特朗普在中美贸易摩擦中提出了“中美脱钩”的孤立中国的战略思路，但如果中国成功加入 CPTPP，就等于在贸易和投资上解除了“中美脱钩”对中国的基本威胁。

二、中美投资协定

2008 年，中美启动双边投资协定（Bilateral Investment Treaty，简称 BIT）谈判。

十多年来，美国对中国的直接投资（FDI）一直保持持续劲升态势，形成了高达 800 多亿美元的 FDI 存量；中国对美 FDI 也有约 500 亿美元。对中国而言，与美国的双边投资协议能大大缓解中国企业对美投资的后顾之忧，削平中国企业进入美国市场的门槛；中国还能获得中美投资协定的局部外溢性价值，获得加入TPP的自主选择空间和腾挪余地。对美国而言，在中美投资协定之下，中国100多个行业都会向美方企业开放投资，包括存在限制的汽车制造、银行、化学和能源等行业，美国企业在华获得的投资准入的规模将显著放大；随着中国对美投资的增加，美国通过资本项目顺差修正经常性贸易逆差的能量将大大增强；美国推进“美国制造”回归将得到中国制造业企业直接投资的助力。所以，中美启动投资协定谈判对中美双方都非常有好处，它有助于将中美双方带向最有利于彼此的方向：塑造世界G2新格局，充分享受合作共赢，获取中美最大利益。

有趣的是，中美投资协定谈判直接促成了中国（上海）自由贸易试验区的建立。2010年左右，上海浦东区政府向上海市政府提出了建立中国（上海）自由贸易试验区的设想，拟由国家发展改革委牵头向国务院争取。可能由于初步方案中实质性的改革措施并不充分，国家发展改革委一直未能牵头向国务院提出建立中国（上海）自由贸易试验区的请示。2013年初，上海市找到商务部，希望由商务部牵头向国务院申报，立即得到了商务部的大力支持。因为商务部国际经贸关系司当时正积极与美国谈判中美投资协定，美方在谈判中明确提出：投资准入必须以“准入前国民待遇加负面清单”为基础，即在企业设立、取得、扩大等阶段给予外国投资者及其投资不低于本国投资者及其投资的待遇，除非该投资项目出现在“负面清单”上。

美国的要求与中国当时的法律规定是直接相抵触的，因为按照当时中国的《中华人民共和国外资企业法》《中华人民共和国中外合资经营企业法》《中华人民共和国中外合作经营企业法》以及《中华人民共和国台湾同胞投资保护法》等四部法律，所有的外商投资企业都必须经过商务部的批准；按照国务院文件《关于投资体制改革的决定》（国发〔2004〕20号），所有的外商投资项目都必须经过国家发展改革委的批准。而国内投资者的相关投资项目并不需要此类审批。因此商务部国际经贸关系司希望通过设立中国（上海）自由贸易试验区，在该自由贸易试验区内试验暂停实施上述4部法律和文件《关于投资体制改革的决定》，改为实施美国谈判代表所要求的“准入前国民待遇加负面清单”制度。也就是说，今后在自由贸易试验区内的非负面清单上的外商投资项目将不需要向商务部和国家发展改革委申请获得批准。

改革的困难在于会触动利益。设立中国（上海）自由贸易试验区实际是一个以开放倒逼改革的生动例子。现在看来，尽管没有成功，但中国当时对于达成中美投资协议的努力确实是值得的。如果中美达成投资协定，中国对美国高新技术企业的跨国投资将顺利得多，美国在特朗普任总统时代对中国新增的大量科技封锁措施将效力大减。

三、中欧全面投资协定

中欧全面投资协定（The China-EU Comprehensive Agreement on Investment，简称CAI）于2013年启动，至2020年12月30日如期完成谈判，其间共举行了35轮谈判。该协议谈判是在启动中美投资协定谈判6年以后开始的，原来预期为跟进中美投资协定的成果，在准入前国民待遇、扩大开放领域、促进双边投资、加强投资保护等方面基本运用中美投资协定的框架和内容。中欧投资协定对于打破美国联合西方盟国孤立中国的企图具有特殊重要意义。为此，中方在谈判中对欧盟作出了过去从未有过的开放承诺：全面开放汽车制造业以及银行保险证券业、医疗服务业，允许欧盟投资商可以百分之百持股。当然，开放在形式上是对等的，中国承诺新开放的领域，欧盟对中国一直是开放的。

2021年3月22日，欧盟对中国有关个人和实体实施单边制裁。当日，中方决定对欧方严重损害中方主权和利益、恶意传播谎言和虚假信息的10名人员和4个实体实施制裁。同年5月20日，欧洲议会全会通过的一份决议称，在中方解除对欧洲议会议员等实施的反制裁前，将“冻结”关于批准中欧投资协定的有关讨论，呼应了美国拜登政府要求欧盟暂缓批准中欧投资协定的要求。

四、区域全面经济伙伴关系协定

2012 年，东盟发起谈判区域全面经济伙伴关系协定（Regional Comprehensive Economic Partnership，简称 RCEP）。2020 年 11 月，中国、日本、韩国、澳大利亚、新西兰和东盟十国共 15 个亚太国家正式签署 RCEP。这是当前世界上人口最多、经贸规模最大的自由贸易区。协定确定了优于 WTO 最惠国关税的 RCEP 优惠关税，还允许在确定货物是否适用 RCEP 关税优惠时，将来自 RCEP 任何缔约方的价值成分都考虑在内，实行原产成分累积规则。此外，协定还包括海关程序与贸易便利化，卫生与植物卫生措施，标准、技术法规和合格评定程序，贸易救济，服务贸易，自然人移动，投资，知识产权，电子商务，竞争，中小企业，经济与技术合作，政府采购，一般条款与例外，机构条款，争端解决，最终条款等方面的内容。

RCEP 对于我国的特殊意义在于打破美国孤立中国的企图。目前，RCEP 已经于 2022 年 1 月 1 日正式实施。

第七节　新时代开放型经济的高质量发展

2017 年，党的十九大报告指出“中国特色社会主义进入了新时代”。在新时代，对外开放仍是我国的基本国策。对外开放是建设社会主义现代化强国的“推进器”、是全面深化改革的“动力源”、是经济高质量发展的“催化剂”、是推动经济全球化进程的大国担当、是构建人类命运共同体的重要途径。推进更高水平对外开放，将伴随中华民族伟大复兴的全过程。

党的十九大提出推动形成全面开放新格局，开放在发展中的作用、地位提升到了全新的层次和水平。它不仅意味着扩大开放的范围、拓宽开放的领域、加深开放的层次，还意味着创新方式、优化布局、提升质量。要有更大的开放力度，更加注重开放市场，继续放宽外资准入，进一步放开一般制造业，重点扩大金融、电信、医疗、教育、养老等领域对外开放，在更多领域允许外资控股或独资经营；完善市场化、法治化、国际化营商环境，强化公平竞争，激发市场活力。要追求更高的开放质量，从商品和要素流动型开放向规则、管理、标准等制度型开放转变，全面实施准入前国民待遇加负面清单管理制度，形成与国际高标准规则相衔接的制度体系；提升外贸竞争新优势，促进引资引技引智紧密结合，提高全球配置资源能力，推动经贸强国建设；增强开放的联动性，以国内带国际，以国际促国内，更好统筹两个大局；在有利于开放发展的制度建设上下功夫，在迈向全球价值链中高端上下功夫，在开放的内外联动上下功夫。要体现更强的开放包容，秉持共商共建共享的全球治理观，积极倡导和而不同与和合共生，坚决反对封闭保护和孤立排他，推动全球贸易投资自由化、便利化；积极参与全球经济治理体系改革，促进国际经济秩序更加公正合理，促进世界共同发展。要保障更好的开放安全，坚持总体国家安全观，坚持独立自主与扩大开放有机结合，既要扩大对外开放，又要保障国家经济安全；增强底线意识，深刻认识扩大开放中面临的新问题、新挑战，防范化解重大风险，健全开放型经济安全保障体系。

2020 年，中共十九届五中全会明确提出：要加快构建以国内大循环为主体、国内国际双循环相互促进的新发展格局。为此，要做好长时间应对外部环境变化的思想和工作准备，做好被迫与美国及西方国家的脱钩的应对。要完善国内产业配套体系，解决产业链与产业发展的“卡脖子”问题，确保让我国产业与产业链实现独立发展。要积极参与国际分工合作，让中国企业嵌入国际产业链、供应链，成为国际产业链、供应链必不可少的组成部分，并借助自身技术进步来强化我国企业在国际产业与产业链发展中的地位，增强不可替代性。

供讨论的问题

1. 为什么说“改革开放这一关键抉择堪称第二次革命”？

2. 为什么说社会主义市场经济体制是中国共产党史无前例的理论创新？

3. 改革开放以后，全国各省区市都希望立即对外开放。所以，分层次和步骤对外开放涉及全国各省区市的切身利益。中国能够有序实施分层次和步骤对外开放的战略部署的原因是什么？

4. 中国发起“一带一路”倡议的基础条件是什么？

5. “一带一路”倡议提出打造哪“六大经济走廊”？有何地缘政治意义？目前能够实现的有哪几条？

6. 中国的自由贸易试验区的意义如何？与国际上通常的自由贸易区有何不同？与国际多边和双边自由贸易协议确定的自由贸易区有何不同？

7. 中美战略对话机制为何未能阻止或减弱中美贸易摩擦？

8. 未能成功签署的中美投资协定对中国改革开放的意义如何？

9. RCEP 生效对中国开放型经济有怎样的影响？

10. 在构建以国内大循环为主体、国内国际双循环相互促进的新发展格局中，如何发展开放型经济？

第四章

开放推动改革和创新

第一节　开放对改革的推动作用

中国的改革与开放具有极强的相互促进的作用。一方面，改革允许和推动了开放；另一方面，开放对改革形成了强大的倒逼作用。改革与开放相互正反馈发展，推动中国经济摆脱停滞，实现长达40多年的持续快速发展。

在我国，开放对改革的倒逼作用主要体现在七个方面。

一、开放所揭示的中西方经济发展的巨大落差统一了必须改革的认识

真正使国人凝聚必须改变的共识的，是随着中美关系转暖，少许开放信息透进来，国人终于普遍看到了中国与美国、日本、新加坡等的巨大落差。在1976年至1978年间，必须改变已经成为中华民族的共识。这就是开放对改革的倒逼作用。

二、开放所展现的西方现代先进思想、科学知识、法制观念、管理经验直接提供了改革的借鉴

像创业投资、风险投资、股权投资这些现在耳熟能详、到处都在进行的

业务，大多是在改革开放已经进行了25年以后才学到的。在2005年之前，这些业务在中国是非常少见的。中国最早成立的创投公司，包括2001年11月成立的中新苏州工业园区创业投资有限公司，目前在其基础上发展出来的苏州工业园区东沙湖基金小镇集聚的基金规模达2500亿元。该公司初期就是学习中国台湾地区的怡和创投和以色列英飞尼迪集团，有一个从“跟着做”“学着做”到“自己做”“创新做”的过程。

三、中国加入世界贸易组织对改革提出了具体的要求

1986年7月，中国正式提出了恢复在关贸总协定中缔约国地位的申请。在截至1994年底的8年时间里，关贸总协定中国工作组举行19次会议，中国方面耐心地回答和解释了美国等提出的4500多个问题，并在关税等方面做出了大量实质性的承诺和改革。尽管在1995年1月1日世界贸易组织成立之前，中国未能与关贸总协定中国工作组达成“复关”协议，但关贸总协定中国工作组在8年中对中国提出的一些要求和要价已经由中国单方面做出了改革。其后，中国又开始了加入世界贸易组织的谈判。至2001年12月中国正式加入世界贸易组织，历时15年的谈判对中国的改革的促进是非常具体和有效的。例如，世界贸易组织对中国政务公开和行政透明度的要求极大地促进了中国行政管理体制机制的改革，目前全国各地、市、县普遍都有的行政审批服务中心就是各地地方政府为应对中国加入世界贸易组织而逐步建立的。

四、基于规则的国际秩序对基于利益考虑的任性作为做出了改革的倒逼

改革开放以来，尽管中国在基于规则的国际秩序里享受了最大的红利，但中国境内总是存在一个狂热的群体，认为中国吃了大亏，认为中国软弱。

这个群体认为，只要对中国有利的就是正确的、合理的；只要基于有利于中国的“爱国”理由，就什么话都可以说、什么事都可以做。由于这个群体曾经主要有青年人组成，所以通常被称为“愤青”，其势力一直在增长，并且对外交政策的影响也越来越大。由此必然导致中国产生更多的外交问题。

任何大国想要建立真正的国际权威，总离不开让自己的权力合法化的问题，而这又离不开通过规则性的制度安排进行自我克制的问题。制度性的战略克制可以让包括军事力量在内的物质实力变得不那么可怕，也可以让国家间关系从战略互疑转向战略互信。“二战”以来，美国空前强大，但美国非但没有开疆拓土，反而通过推行关贸总协定等国际规则而实现了与众多盟国的共同发展和富裕。在一定时期内和一定范围内，美国采取了制度性自我约束来使自己的权力合法化的战略，这是美国外交不可忽视的成功之处。

基于规则的国际秩序对基于利益考虑的任性作为做出了改革的倒逼。这一秩序的根本目的是在地区和平与稳定的基础上实现各国的利益。如果不以此作为基本出发点，由任性作为招引的遏制、打压甚至战争所造成的损失，不但将远远超过“愤青”想象的爱国目标的实际收益，甚至还将超过“愤青”所能想象的最大利益。

五、应对全球化和逆全球化挑战为改革带来了新动力

当今世界，在全球化向纵深发展的同时，逆全球化正暗潮汹涌。中美贸易摩擦以来，西方跨国公司重构供应链正从尝试转为实施。未来世界将形成以中国为主的供应链和不含中国的供应链两条供应链，可分别标记为红色和白色两条供应链①。这样的外部态势变化和竞争环境的改变，必然给中国的改

① 白色供应链是本书创造的新名词，意指西方跨国公司目前正在构建中的不含中国的供应链。由于白光是各色光的混合呈现，白色供应链表达了不含中国的供应链的多国混合特征。

革提出新挑战、新要求和新动力。

六、国外的成功实践为改革树立了榜样

人类的实践是人类的共同财富，人类的互相借鉴学习是人类共同进步的基本手段。只有开放，才能知道并借鉴学习发生在境外的成功实践。苏州工业园区学习借鉴新加坡的成功经验，不但获得了经济社会发展的巨大成功，而且取得一大批改革成果，形成了新的经验。北京中关村、上海张江、深圳南山区以及全国各地都认真学习美国硅谷经验，在科技、教育、金融、投资等领域不断深化改革，取得了丰硕成果。

七、东西方人员交流以及文化交流、教育交流、卫生交流、体育交流为改革丰富了内容

开放使东西方人员交流以及文化、教育、卫生、体育交流成为可能，并不断促进和深化这些交流。在这些交流过程中，思想的碰撞、思路的启发、经验的分享、合作的进行、友谊的形成都丰富了我国改革的内容。

第二节 中国自由贸易试验区的特殊作用

自由贸易试验区或自由贸易园区，是指在主权国家或地区的关境以内，划出特定的区域，准许外国商品豁免关税自由进出，并在贸易和投资等方面做出更加优惠的安排。对于自由贸易试验区应该有什么样的政策，目前国际

上尚无统一规定。例如，埃及的自由贸易区仅相当于中国的出口加工区，纽约的自由贸易区只有特殊的贸易政策，并无特殊的金融政策。自由贸易试验区的真实内涵取决于国家给予的政策内容。

从国家的期望来看，中国的自由贸易试验区的意义远超国际通常意义上的自由贸易园区，它不但是一个旨在推行贸易自由化的试验区，而且是中国在2013年以来经济转型的关键时期，“以开放推动改革”、释放改革红利的试验区。可以设想，今后中国很多重要的改革措施都可能在自贸区先行先试。

中国的自由贸易试验区的改革创新主要涵盖贸易、投资和金融的自由化以及政府职能转变和完善法制保障等5个方面。由于政府职能转变和完善法制保障一直是中国持续进行的改革内容，所以中国的自由贸易试验区的实质性特色改革措施主要体现为贸易、投资和金融的自由化。

第三节　贸易改革研究

现代中国贸易改革最前卫的地方是自由贸易试验区，上海自贸区首创的国际贸易单一窗口以及中国10多个自由贸易试验区推出的数百项贸易便利化措施，极大地促进了中国的进出口贸易。但即使在自由贸易试验区，类似20世纪80年代推出的出口自负盈亏改革、90年代推出的汇率改革、21世纪初推出的出口加工区这样的产生突破性效应的贸易相关改革并没有真正出现。

自由贸易区顾名思义，应该主要聚焦于贸易自由化的内容。但由于中国2001年12月加入世贸组织后已经大规模实现了贸易自由化，例如取消进口许可证、取消纺织品出口被动配额、允许企业获得进出口经营权等，所以贸易基本上已经彻底地进行了自由化改革，很少有未改革剩余。因此，中国的自由贸易试验区在贸易自由化方面提不出多少政策诉求。

中国的首个自由贸易试验区是上海于2013年创办的。为此，上海自贸区方案基本框定了所有自贸区的框架。但上海自贸区方案是由上海发展改革委牵头制定的，而发展改革委对贸易并不熟悉。在这种情况下，上海自贸区方案设计者很容易落入“陷阱”。他们凭想象提出了自贸区贸易上“境内关外”的定位：即在自贸区辟出一块“飞地”，这块“飞地”视同境外，就如香港特区一样。“飞地”同境外贸易完全自由，“飞地”与境内其他地区之间视同跨境，实施严格管理。

海关特殊监管区普遍采用“境内关外”的定位，但不同种类的海关特殊监管区的“境内关外”的程度不一样。我国的海关特殊监管区贸易监管的基本做法是：境外货物入区免税；区内货物进入境内区外补缴关税和进口环节增值税。其中，对于保税区，货物出口到境外才出口退税、区内企业可以开具增值税发票、区内保税货物和非保税货物可以同时存放；而对于综合保税区（以下简称“综保区”）或综合保税港区以及出口加工区、保税物流园区，境内区外的货物入区即退税、区内企业不可以开具增值税发票。所以，相比保税区，综合保税区或综合保税港区以及出口加工区、保税物流园区具有更高程度的“境内关外”。

在建立中国首个自由贸易试验区的10多年前，追求高程度的“境内关外”是有利的，因为那时候有大量的大进大出的加工贸易项目。但2010年以后，中国市场已经足够大，中国在原辅材料和配套产业链上的供应能力也已经足够强，这时的中国已经很难找到一个加工制造工厂能够完全不做内销，或完全不采用中国供应的原辅材料和配套加工。在这种情况下，追求高程度的“境内关外”是错误的。一是由于高程度“境内关外”的海关特殊监管区内的企业不能开增值税发票，而关税和进口增值税属于完全的中央税，因此地方政府难以得到税收收益；二是因为区内的企业反而要多缴纳税费。

具体分析如下。

一、区内企业生产的产品如果内销，通常将产生高于“境内区外”企业的税收负担

（1）如果企业使用了国产原材料或零配件，那么这些国产原材料或零配件必定是经过出口退税入区的。由于我国现有出口退税率平均水平远低于增值税征税水平，因此综保区内企业内销产品时缴纳的进口环节增值税将远高于国产原材料或零配件入区时获得的出口退税。这是区内企业相对于“境内区外”企业生产销售同样的产品所多承担的税收。

（2）如果企业使用进口原辅材料或零配件，那么这些进口原材料或零配件必定是保税进口的。由于进口原辅材料或零配件的关税税率通常远低于进口成品的关税税率，而区内企业加工制造的产品内销时必定是按照成品关税税率缴纳关税，因此，区内企业相对于境内区外企业生产销售同样的成品、在进口同样的进口原辅材料或零配件时，承担的税收更高。例如，区内企业生产的液晶电视，其内销时的关税税率是30%，而此产品按照BOM折成的进口原料的关税税率仅为3% ~ 5%。因此，由境内区外企业生产内销的液晶电视成本更低。

二、区内企业生产产品如果使用了国产原辅材料并且外销，将通常产生高于境内区外企业的税收负担

在产品外销时，区内企业没有出口退税，而境内区外企业按成品的出口退税率获得出口退税。由于产成品出口退税率通常高于原辅材料或零配件的出口退税率，因此，区内企业在国产原辅材料或零配件入区所获得的出口退税将通常少于境内区外企业出口时获得的产成品出口退税。

三、区内企业使用国产设备的成本高于境内区外企业

2009 年增值税转型改革，境内区外企业购买的设备不管是进口的还是国产的，其进项税额均可以抵扣。而区内企业没有增值税，因此，区内企业购买国产设备所支付的增值税进项税不能抵扣。

四、区内物流公司的运营税负大于境内区外

服务业“营改增”政策推行后，物流公司由原来 3% 的营业税变更为 11% 的增值税。但由于不能开增值税发票，区内企业无法抵扣多出来的 8% 的增值税。

五、区内企业难以用自身品牌和名义向内营销或委托加工

由于以上原因，综保区越来越失去竞争力和吸引力。2010—2013 年，苏州工业园区综保区、昆山综保区和苏州新区综保区均出现搬迁到区外的企业数大于入区企业数的现象。本来，可以利用建立自由贸易试验区的机会来改革贸易监管体制，解决上述问题，但由于上海在自贸区方案中采用了高程度“境内关外”的错误思路，上述问题有增无减。为此，笔者在《学海》杂志 2014 年第 6 期发表了论文《海关特殊监管区贸易监管体制改革探索》，提出了进行内外贸一体化改革的思路。苏州工业园区和昆山的综保区也向财政部、海关总署、国家税务总局提出了允许综保区内企业开具增值税发票、成为一般纳税人的要求。商务部国际贸易经济合作研究院对外贸易研究所在受财政部委托评估苏州工业园区和昆山综保区一般纳税人试点方案时，主要参考了笔者的论文《海关特殊监管区贸易监管体制改革探索》。笔者的这篇文章对海关特殊监管区贸易监管体制的思路如下。

摒弃高程度的“境内关外”定位，采用“境内关外 + 内外贸一体化”定

位。境外货物进入海关特殊监管区或自贸区，允许企业自行选择保税进口或完税进口；境内区外货物入区，允许企业自行选择出口退税或不出口退税；赋予区内企业一般纳税人资格，允许开具增值税发票。为保证国家财税安全，在海关特殊监管区或自贸区内，全面实行“货物状态分类监管”。

上述货物贸易监管体制改革，可称为“在货物状态分类监管基础上的内外贸一体化改革”。这项改革的缺点是将大大增加海关等口岸监管部门的工作量，好处是紧跟全球内外贸一体化的趋势，“一揽子”解决制约海关特殊监管区或自贸区内企业发展的困境，极大地提升中国企业和中国制造的国际竞争力。

经国家税务总局、财政部、海关总署批准，苏州工业园区和昆山的两个综保区从 2014 年开始率先试点赋予企业增值税一般纳税人资格。2019 年 8 月，该试点政策推广到全国的综保区。但由于以下四点缺陷，该试点仍然没有充分提升中国企业和中国制造的国际竞争力。

（1）选择获得一般纳税人资格的企业，进口设备必须按内销比例缴纳设备关税。而按照国际通行做法，综保区内企业自用的进口设备应该免征关税。

（2）企业的贸易改革诉求没有完全得到满足：境外货物进入海关特殊监管区或自贸区，允许企业自行选择保税进口或完税进口；境内区外货物入区，允许企业自行选择出口退税或不出口退税。

（3）选择获得一般纳税人资格的企业，在内销进口原辅材料时，需缴纳保税期间的利息。

（4）选择获得一般纳税人资格的企业，需缴纳城市教育附加费。

之所以有以上的政策限制，是考虑要与境内综保区外的企业公平竞争。这虽然有一定道理，但考虑到海关特殊监管区本身就是要塑造特殊竞争力，以及与境外企业以及境外自贸园区的竞争，我国海关特殊监管区完全没有必要“自废武功”。在未来中国供应链与美国塑造的非中国供应链的激烈竞争中，我们应该尽可能多地为中国供应链企业营造优势。

除综保区内外贸一体化改革外，贸易改革在贸易便利化、服务贸易、跨境电子商务、市场采购贸易、外贸综合服务、离岸贸易等方面也有很多工作可做。

（1）在贸易便利化方面，中国的自由贸易试验区成果丰硕，国际贸易单一窗口、“先入区、后报关”等数百项成果已经推广到全国实施。

（2）在服务贸易方面，国务院于2016年2月同意在天津、上海、海南、深圳、杭州、武汉、广州、成都、苏州、威海和哈尔滨新区、江北新区、两江新区、贵安新区、西咸新区等15个省、市（区域）开展服务贸易创新发展试点；于2018年6月同意在上述地区以及北京和河北雄安新区开展深化服务贸易创新发展试点；于2020年8月同意在北京、天津、上海、重庆、海南、大连、厦门、青岛、深圳、石家庄、长春、哈尔滨、南京、苏州、杭州、合肥、济南、威海、武汉、广州、成都、贵阳、昆明、西安、乌鲁木齐和河北雄安新区、贵州贵安新区、陕西西咸新区等28个省、市（区域）开展全面深化服务贸易创新发展试点。这些试点地区主动创新、先行先试，出台新政策，探索新路径，服务贸易新业态、新技术、新模式不断涌现。

（3）在跨境电子商务方面，2015年，国务院批准设立中国（杭州）跨境电子商务综合试验区；2016年，天津、上海、重庆、苏州、合肥等12个城市被批准设立跨境电商综合试验区。目前，设立跨境电商综合试验区的城市，已覆盖中国一线、二线城市。据海关统计，2018年我国跨境电商零售进出口总额达到1347亿元，同比增长50%。本书第十章第六节对跨境电商将有较详细的论述。笔者认为，虽然跨境电商的主要业务是B2B（企业对企业）出口，但B2C（企业对消费者）出口才是真正的创新和增量所在。而跨境电商综合试验区电商零售出口的改革诉求，主要是落实“无增值税发票出口免税”政策，以及出台更加便利企业的所得税核定征收办法。

（4）在市场采购贸易方面，主要是针对义乌小商品市场这样不开增值税发票的交易链，实施“无增值税发票出口免税”政策和所得税核定征收办法，以及出口报关的一些便利化措施。

（5）在外贸综合服务方面，主要是鼓励对中小微外贸企业的进出口综合服务，鼓励发展这样的平台和企业。

（6）在离岸贸易方面，笔者和笔者的上海交通大学学生李梦瑶曾替中投咨询有限公司做过一份《离岸贸易分析及苏州自贸片区发展建议》，这份由苏州工业园区管理委员会出题征集的报告受到商务部的好评。在2020年上半年，笔者等人完成这份报告之前，网络搜索信息基本没有这方面的研究资料，只看到上海将离岸贸易称为离岸转手买卖，苏州称为离岸转口贸易或离岸贸易。关于离岸贸易的分析，请见本书第十章第六节的有关论述。

第四节　投资改革研究

现代中国投资改革最前卫的地方仍然是自由贸易试验区。上海自贸区首创的“让外商投资相关法律在自贸区暂停执行”的做法从根本上改变了投资审批体制。

上海自贸区2013年刚成立时最突出的内容是取消一般项目外商投资准入的审批。按照当时的中国法律，外商投资企业的设立一般要经过商务部门和发展改革委的审批核准，特定行业还要经过行业管理部门的审批。商务部门的审批依据是全国人大制定的四部法律，发展改革委的审批依据是国务院《关于投资体制改革的决定》（国发〔2004〕20号）。取消发展改革委对投资准入的审批相对容易，只要国务院发文就行；但取消商务部的审批，涉及全国人大制定的《外资企业法》《中外合资经营企业法》《中外合作经营企业法》《台湾同胞投资保护法》等四部法律。

改革开放以来，地方政府为了推动地方经济发展，必须要经常“跑部跑省”争取政策。但地方政府向中央争取政策时如果发现法律不允许，一定都会“打退堂鼓”。上海自贸区第一次碰到法律障碍，是向全国人大常委会申请通过决议来将相关法律暂停执行。事实上，从2013年7月3日国务院批准《上海自贸区总体方案》，到当年8月30日全国人大常委会通过关于授权国务院在中国（上海）自由贸易试验区暂时调整有关法律规定的行政审批的决定，中间只有一个多月的时间。这反映国家领导层对于开放推动改革的热情和急迫心情。

克服了法律障碍，上海自贸区2013年试点对外商投资实行准入前国民待遇加负面清单管理制度。

我们前面说过，实行准入前国民待遇加负面清单管理制度是中美投资协定谈判中美国提出来的先决要求。2012年和2013年中国负责谈判的商务部国际经贸关系司正好需要在一个特殊区域来试行该管理办法，因此当上海市政府找到商务部希望牵头申报自由贸易试验区时，得到了商务部的大力支持。

上海自贸区以及后续所有的自贸区试验外商投资准入前国民待遇加负面清单管理制度都是非常成功的，因此，该制度等于通过了在全国实行的压力测试。2019年3月，全国人大会议通过了《中华人民共和国外商投资法》，同时废止了《中华人民共和国中外合资经营企业法》《中华人民共和国外资企业法》《中华人民共和国中外合作经营企业法》。《中华人民共和国外商投资法》明确在全国范围内对外商投资实行准入前国民待遇加“负面清单”管理制度。

“负面清单”内的项目是外商投资不享受国民待遇的项目，因此“负面清单”越短，投资限制越少。2021年，中国存在全国版、自贸区版、海南版等3个《外商投资准入特别管理措施（负面清单）》。其中，全国版负面措施33条、自贸区版30条、海南版27条。

尽管外商投资准入负面清单是美国在中美投资协定谈判中提出的要价，但该措施对于中国自身改善投资环境无疑是非常有益的。我国因此在外商投资准入“负面清单”基础上仿造实行了针对所有企业的投资“负面清单”制度。2015年，国务院印发《关于实行市场准入负面清单制度的意见》，提出市场准入“负面清单”包括禁止准入类和限制准入类。对禁止准入事项，市场主体不得进入，行政机关不予审批、核准，不得办理有关手续；对限制准入事项，或由市场主体提出申请，行政机关依法依规作出是否予以准入的决定，或由市场主体依照政府规定的准入条件和准入方式合规进入；对市场准入“负面清单”以外的行业、领域、业务等，各类市场主体皆可依法平等进入。

2016 年，由国家发展改革委员会、商务部会同有关部门汇总、审查形成的《市场准入负面清单草案（试点版）》在天津、上海、福建、广东四个省、市试行。从 2018 年起正式实行全国统一的市场准入“负面清单”制度。由此，无论外商投资还是内资企业投资，“负面清单”以外企业的设立都告别了审批制，实现了备案管理。

第五节　海南自由贸易港分析

本书第三章第四节和本章第二节分析了我国的自由贸易试验区。那么自由贸易港与自由贸易试验区有哪些区别?

和自由贸易区一样，自由贸易港也没有国际标准定义。但在中国，自由贸易港与自由贸易试验区主要有以下三个区别。

（1）自由贸易港内的区域将全部是“境内关外”，而自由贸易试验区既存在“境内关外”区域，又存在“非境内关外”区域。

（2）自由贸易港的货物资金人员相对于境外的进出将比自由贸易区更加自由。

（3）自由贸易港能够大幅减轻国家对于自由贸易试验区改革开放措施的

可复制性、可推广性的要求。自贸试验区的改革开放政策总体上被要求必须具有可复制、可推广性，那些仅赋予特殊地域的特殊优惠政策就很难落户自由贸易试验区。自贸港则没有这样的要求。

截至 2021 年底，中国仅存在一个自由贸易港。2020 年 6 月 1 日，中共中央、国务院印发《海南自由贸易港建设总体方案》。根据该方案，海南自由贸易港建设将分为 2025 年前和 2025 年至 2035 年间两个阶段。本节在针对该方案对应这两个阶段的所有政策内容进行归纳整理的基础上，总结出这些政策可能达到的宏观效果。

海南自由贸易港 2025 年前实施的政策有 41 条，可能达成如下的政策效果。

（1）服务业企业总部注册地可能集聚海南。尽管海南企业在生产制造方面可能遭遇不利因素，但服务业企业没有这个问题，因此可以在享受海南自贸港各项政策的同时，将服务提供给中国境内所有地方。由于大多数香港服务业企业不能直接服务于中国内地，因此这也是海南服务业企业比香港优惠的一个重要方面。

（2）海南可能成为跨国公司功能性总部的集聚地。跨国公司功能性总部不会因启动全岛封关运作并实行高程度的境内关外货物管理而受到负面影响。因此，在海南设立跨国公司功能性总部既可以享受“境内关外”的政策好处，又可以把业务做到中国全境。

（3）海南将成为中国著名企业、上市公司进行境外投资的子公司的集聚地。按照法律，中国企业投资境外取得的利润应该到中国境内缴纳所得税，但多数企业认为境外所得不需境内缴税，所以我国的国税局通常收不到企业境外投资经营的所得税。为此，上海、苏州等城市一直争取试点将企业离岸业务所得减按 15% 的税率征收所得税，这样企业将比较愿意为境外所得缴税，但财政部等部门一直没有允许。此次海南自贸港跳过上海、苏州等城市一直争取的 15% 优惠税率，直接拿到了免税政策：对在海南自由贸易港设立的旅游业、现代服务业、高新技术产业企业，其 2025 年前新增境外直接投资取得的所得，免征企业所得税。因此，企业境外投资前可以先到海南注册一个投资性公司，然后以这个公司名义实施境外投资从而获得免税。对著名企业和上市公司而言，其经营业务必须符合法律规范，因此他们最终都不得不缴纳境外投资所得。而著名企业和上市公司如果在境外投资前先到海南注册一个公司，然后以这个公司名义实施境外投资，就能合理合法地“躲过”境外投资的所得税。

（4）海南可能取代香港特区成为内地居民境外购物的首选地。内地自然人在香港特区购物的免税额度5000元远远小于海南的10万元，再叠加海南商铺租金比香港特区便宜很多的优势，海南可能取代香港特区成为内地居民境外购物的首选地。

（5）海南可能实现现货交易所和产权交易所的国际化。海南自贸港政策里最欠缺的是金融政策，例如，海南没能争取到设立期货交易所的政策。但国家支持海南推进产权交易场所建设，允许境外非居民按照规定参与交易和进行资金结算。这样，海南可能实现产权交易所的国际化。由于设立现货交易所不需国家批准，因此海南的现货交易所也能实现国际化。

（6）海南可能形成关于疑难杂症的若干医疗中心。2018年，国务院批准的海南自贸港方案明确，只须经海南省政府批准，海南博鳌乐城国际医疗旅游先行区即可进口使用新药和医疗器械。2019年，国务院批准的海南自贸港方案明确海南省内可以建设若干个类似博鳌乐城国际医疗旅游先行区的医疗中心。由于海南唯一地拥有此政策，因此可以形成关于疑难杂症的若干医疗中心。

（7）海南将成为各类含进口品展示交易的展会的首选地。在海南举办中国国际消费品博览会以及其他国家级展会，境外展品在展期内进口和销售享受免税政策。该政策既给了海南政府办展的名额，又给予境外展品的免税政策。由于进口展品享受免税，海南会展业有望崛起。

（8）很多境外理工农医类大学可能在海南投资设立独资的大学。目前，境外大学在中国投资以中国公民为主要招生对象的大学只能中外合作办学，且须中方占大股。投资于苏州的杜克大学以及西交利物浦大学莫不如此。很多著名的外国大学因为不愿意合作办学所以没有到中国投资办大学。海南因为允许境外理工农医类大学独资，所以很可能招引到很多境外大学的独资办学项目。

（9）海南可能成为外国人入境的首选地。因为外国人可自行申报或通过单位邀请接待免签入境。申请免签入境事由可以是商贸、访问、探亲、就医、会展、体育竞技等。海南还实施外国旅游团乘坐邮轮入境15天免签政策。

（10）海南将成为境内建造船舶的注册登记的首选地。

（11）海南不可能取代香港特区和上海的金融中心地位。因为海南自贸港与金融相关的政策很少，并且海南缺乏发展金融的产业基础。

综合分析，海南自贸港政策将为海南带来高端服务业和总部经济的集聚，并在多方面获得巨大实惠。

海南自由贸易港在2025年至2035年间实施的政策有19条。可能达成如下的政策效果。

（1）2025年前第一阶段形成的高端服务业和总部经济的初步集聚得到强化，形成真正的集聚。

（2）在旅游服务出口、免税品零售、航空枢纽、大学和医疗中心建设、虹吸内地企业所得税转移等方面获得的实惠仍然存在，但增幅不断递减。

（3）对因特网防火墙敏感的企业可能集聚海南。因为海南因特网防火墙的高度可能最低。

（4）海南将在境内居民购物以及境内著名企业和上市公司的海外投资总部方面取代香港特区成为首选。但在金融、财税、法制环境等方面，香港特区仍然比海南更有竞争力。这不但因为海南自贸港的金融政策少，还因为海南税收的一部分必须上缴中央政府，而香港特区的税收全部归香港特别行政区政府。但即使是在香港特区更有竞争力的领域，海南都将对香港特区形成冲击。

第六节　自主创新和开放创新

这里讨论的创新是科技创新。中国最重视科技的时代是 20 世纪 70 年代末和 80 年代。当 1978 年中共中央史无前例地召开全国科学大会，科学技术在中国是如此被重视，以至于那时高考时几乎只有考不了理工科的人才会去考文科。笔者 1980 年在江苏省南通市参加高考，是理工科第 8 名，但政治、英语、语文都是第 1 名。

但从 20 世纪 80 年代中期开始情况起了变化。因为那时大家终于发现，最能快速致富的是开放，而不是搞科研。那时甚至出现外经贸部下属的对外经贸大学的录取分数高于北京大学、清华大学的现象。这种情况完全符合本书第一章阐述的全球化原理。但即使在那个时代，中国人也始终没有忘记科学。1995 年，党中央、国务院提出在全国实施“科教兴国”战略。

无论如何，2007 年再次提出自主创新是非常及时、英明的。因为全球化尽管能给中国带来国际分工以及跨国公司供应链，但很多高端项目却不会依循全球化而跑来中国。分析本书第一章的全球化充分必要条件可知，美国等发达国家的竞争力特别强的工厂可以不必寻找生产要素资源低的地区进行投资生产，因为这些工厂本身可能有很高的技术壁垒，几乎不存在竞争对手。如果中国想要进行高端领域的生产，就必须要有自己的创新，或者说自主创新。

自主创新这个名词在中文中并无历史传承，它 2007 年左右提出来时并没有官方定义，但一般认为“自主创新是以人为主体，积极、主动、独立地发现、发明、创造的活动”。显然，积极、主动、独立这三个定语中最实质性的是“独立”这个词，所以，自主创新在最初翻译成英语时常常被翻译成

"independent innovation"，就是直接地表述成"独立创新"。但"独立创新"明显有点荒谬，当今的创新都必须要立在前人创新成果的基础上，并充分借鉴参考同时期其他人的创新成果，"独立创新"是几乎不可能的。现在关于自主创新的英文翻译更多使用"self-independent innovation"，大概是依靠自我的创新的意思，这就基本符合"自主创新"的原意。

由以上讨论可知，中国强调"自主创新"而非国际上通用的"创新"，主要是强调要依靠自我，并非排斥借鉴和吸收。在经济全球化浪潮下，创新资源的配置与流动也是全球化的。在知识经济时代，仅仅依靠内部的或个人的资源进行高成本的创新活动，已经难以适应快速发展的市场需求以及日益激烈的企业竞争。在这种背景下，"开放创新"正在逐渐成为创新的主导模式，集成创新也逐渐成为最为有效的企业创新方式。而"开放创新"和集成创新必然对开放型经济带来新的要求和挑战。

以苏州为例，我们知道苏州经济的崛起主要依靠开放型经济。苏州的五年发展规划中一直有"经济国际化战略"和"科教兴国"战略。但2010年左右制定"十二五"规划时，因为要强调经济转型和自主创新，那时的苏州发展改革委不同意把"经济国际化"写为苏州发展战略之一。到2015年制定苏州"十三五"规划时，发展改革委员会又不同意把"开放"列入苏州战略，同样的过程再重复一遍，最后是苏州市委常委会决定把"开放提升"列为发展战略。

在以上两次五年规划制定过程中，苏州商务局虽然成功坚守住开放的地位，但仔细反思，苏州发展改革委的考虑也是有道理的，因为苏州经济确实需要大力度向创新驱动转型。为此，苏州商务局在起草开放型经济"十二五"规划和"十三五"规划时，均把开放推动创新作为基本原则和工作重点。在制定起草开放型经济"十四五"规划时，苏州商务局直接提出把开放创新打造为苏州开放型经济的鲜明特色。

笔者花大篇幅在本节讨论自主创新和开放创新，绝不仅是想厘清两个名词，因为我们目前花巨大财力和时间来应对和发展"卡脖子"技术、建设全产业链，一定会影响中国在世界最尖端和前沿技术上的投入水平，结果可能错失最前沿竞争的机遇。毕竟，总体而言，“卡脖子”技术以及全产业链建设针对的都是过去的成熟技术和生产能力，按照国际比较利益原理，本来是不需要我们花大力气发展的。“冷战”后期美国用“星球大战”计划拖垮苏联的阴谋和教训值得汲取。

第七节　以开放推动创新

创新与开放是两个完全不同的动词，但两者之间存在互相催化的关系。创新带来了新技术、新产业和新的供应链。在经济全球化浪潮下，最近20年来境外发明创造的平板电脑、智能手机、4G通信、光伏和风能发电、电动汽车等产业的生产制造环节都主要落户在中国。这些创新的新产业能够落户中国，是中国开放的吸引；而一旦这些产业落户中国，中国相应的创新就跟上来，形成更丰富有效的创新成果。在这个案例中，存在境外创新、开放导入中国、中国再创新、中国的创新成果反过来促进境外更多的创新的作用机制。

我在大学里是学习液压气动控制的，在工程学中，要使系统趋向稳定状态，决定系统动态的各变量之间必须形成负反馈关系。例如，钟摆偏离垂直中线时，重力会把它拉回中线位置，这种负反馈能够形成稳定态；但如果钟摆偏离垂直中线越多，它受到的偏离方向的合力反而越大，那钟摆就会因为这种正反馈关系越摆越高，系统就会崩溃。在开放型经济发展模式中，我们应该追求让开放和创新形成正反馈的相互促进关系。即开放放大创新，创新也放大开放，发展的动力和前景才是无穷的。

那么，如何以开放推动创新呢？以开放促进创新的具体措施包括以下八条。

一、深化对中小科技企业的招商

推进创新发展载体和国际技术合作平台优化升级，着力优化中小科技企业营商环境。优化引资和境外投资管理，积极引进关键技术带有型中小科技企业，依托优质项目，促进人才、技术、管理经验等优质要素的集聚。

二、引导通过境外并购再创新

引进国际先进技术、智力资源，提升科技创新竞争力。鼓励企业以并购、参股等方式开展境外高科技并购。提高高科技孵化经营和管理水平，推动企业及时高效地将并购获得的技术、专利、知识产权等与自身产业链整合，成功实现产业化，提高中国母公司的持续创新能力。

三、积极引进、培育外资研发中心和创新中心

吸引跨国公司、海外学术和科研机构在我国设立研发中心和创新中心，鼓励外资企业设立内部研发机构，扩大现有研发机构的服务能级。给予内资外资市场研发主体同等待遇，调动外资企业开展研发活动的积极性。建立知识产权产品、技术成果供需对接交易平台，健全技术交易市场体系，促进外资研发机构对接外部需求。

四、鼓励企业设立境外研发中心

引导企业在知识密集的技术高地，以独资新建、合资新建、独资并购、

合资并购等方式建立研发中心，有效利用当地科技资源，实现全球范围内创新资源的优化配置，将跨国界知识转移过程内部化，节约交易成本，构建自己的全球研发体系，提升企业自主创新能力。

五、促进技术进出口驱动创新

探索创新技术进出口管理体制机制、利用好各级财政扶持资金，制定有针对性的技术进出口促进政策，引导企业扩大技术进出口业务。鼓励引导企业参加更多高质量国内外技术类展会。建立重点企业库，强化对重点企业的服务。

六、做好企业境外知识产权的应用和维权

密切关注境外知识产权案件动向，强化海外知识产权海外预警分析；积极开展境外知识产权系列培训，增强企业维权主体意识；探索在境外设立知识产权维权机构为本国企业提供服务。加大对企业应对境外知识产权诉讼费用的扶持力度，鼓励企业积极应诉维权。支持有条件的企业将知识产权海外预警与企业目标产品和市场结合起来，在企业内部建立境外知识产权诉讼预警机制和紧急响应机制。

七、加快推进外商投资企业的转型和创新

加快推动产业链升级和产品更新换代，加快推进生产过程信息化，提升智能制造水平和产品附加值。加强技术引进和技术创新，加大研发投入和人才引进培养，促进外资研发本土化。推进企业管理创新，推进精益化管理和企业文化建设，提升企业综合竞争力。积极拓展物流、金融、科技研发等生产性服务业，发展总部经济，应用“互联网+”，塑造品牌形象，创新商业

模式，提升服务业水平。

八、保障高科技产品的公平贸易

鼓励企业积极勇敢地应诉境外对我国高科技产品出口的反倾销、反补贴等案件。对进口高科技产品压价倾销适时提出反倾销申请。2004年左右，苏州一家本土企业经过艰苦的研发，终于制造出光纤产品，但原来向中国市场高价出口光纤的日本和美国企业立即大幅降价，不正常的进口价格把该企业逼到了亏损破产的边缘，为此该企业向商务部提出反倾销，商务部经过审理，判定日本、韩国和美国的相关企业存在倾销行为，必须缴纳16% ~ 46%的反倾销税。由此，我们保障了中国相关企业的研发成果。后来，该企业研发出光纤的上游材料光棒，我们又对来自日本、美国相关企业的光棒征收反倾销税。

以上这些措施，构成了“开放创新”的重要内容。但“开放创新”的最基础内容是中外专家学者、企业家等的人员交流，因此，招才引智是“开放创新”的基本内容。

供讨论的问题

1. 如何认识开放对改革的倒逼作用？

2. 中国自由贸易试验区的实质意义是什么？

3. 我国的保税区与综合保税区相比，谁具有更高程度的“境内关外”性质？基层更需要保税区还是综合保税区？

4. 中国投资改革的突破性进展是什么？《外商投资准入特别管理措施（负面清单）》与《市场准入负面清单草案（试点版）》的区别是什么？

5. 海南自贸港建设的最大变数是什么？

6. 为什么说香港特区在金融和财税方面仍然比海南更有竞争力？

7. 如何正确理解“自主创新”？

8. 如何正确理解开放创新？

9. 如何以开放推动创新？

10. 为什么研发生产“卡脖子”产品往往需要反倾销等公平贸易措施的保驾护航？

第五章

金融改革研究

上一章关于开放推动改革，我们主要讲了贸易和投资领域。由于现代经济管理，特别是中国经济管理中，金融常常被作为一个特殊领域独立对待，而且金融改革可研究分析的内容确实较多，所以本书单辟一章专门分析研究中国的金融改革。虽然笔者毕业后一直从事的是商务管理工作，但从来没有停止对金融的研究，因此能够从商务和实体经济的不同视角来评价、分析和探索金融改革。笔者对金融改革研究的独特性表现在两个方面：一是当专家学者以稳定为由呼吁不能放开金融外汇管制时，笔者分析指出由于金融外汇管制，我国会损失什么；二是笔者希望本章能够全面和系统性地论述金融改革的思路。相信这样的思路既有助于从上而下地进行金融改革的设计，也有助于各个自由贸易试验区、开发区或者城市乡镇一点一滴地争取、尝试和累积金融改革成果。

第一节　扩大开放倒逼中国金融改革

金融最初来自贸易。古代人们交易中产生了对于一般等价物的需求，这个被大家所认同的一般等价物就是货币。所以本质上金融是开放的产物。迄今为止，中国的金融改革产生了非常丰硕的成果，这些成果包括：银行和保险企业被改革为市场的商业化自负盈亏主体；银行需满足《巴塞尔协议》对资本和风险监管标准的要求；从无到有设立证券交易所，发展证券市场；人民币汇率机制改革等。

特别需要指出的是，中国的人民币汇率机制改革非常成功，它有效地放大了全球化对中国经济的带动作用。在笔者看来，汇率机制改革对中国经济发展的贡献度仅次于实行市场经济和中国加入世界贸易组织两大措施。为此，有必要简要总结中国的汇率改革及其意义。

人民币美元汇率概况为：1949—1971 年，人民币汇率基本在 2.5 左右；从 1971 年开始，人民币汇率总体升值到 1979 年的 1.5 左右；1980—1993 年，人民币汇率从 1.5 逐年贬值到 5.7；1994 年，人民币汇率迅速大幅贬值到 8.6；1995—2004 年，人民币汇率稳定在 8.27 左右；从 2005 年开始，人民币逐渐升值，其间 2006 年升破 8、2008 年升破 7，2014 年 4 月 30 日达到 1994 年汇率改革以来的最高点 6.0703；其后人民币逐年贬值，2017 年为 6.75，2018 年回升为 6.6174，2019 年贬值为 6.8985，2020 年为 6.8974。

在改革开放前，中国奉行自力更生、独立自主的经济发展战略，经济完全靠内循环，少量的农林牧渔、矿产资源、轻工工艺品出口不能满足对进口设备和技术的外汇需求。但为了鼓励进口设备和技术，为中国纯粹内循环的经济发展提供外部技术支持，政府把人民币汇率大幅高估。之所以能把人民币汇率大幅高估，是因为改革开放前，中国只有少数几家央企有权开展进出口贸易，因此国家可以采用给予这些央企出口财政补贴的办法来促进出口。这一方面用高估的汇率提高了进口技术和设备的经济效益；另一方面，国家调节出口补贴的数量就可以调节出口规模。

1980—1993 年，人民币汇率从 1.5 逐年贬值到 5.7。这是因为当时省级外贸公司甚至每一个开放地区的县级外贸公司，以及所有的外商投资制造业企业均逐步地被赋予了进出口经营权，这些企业如果均按大幅高估的人民币汇率出口，将难以获得经济效益。事实上，即使人民币被贬值到 1 美元兑换 5.7 元人民币，人民币依然是高估的，外汇黑市的人民币汇率已经达到 8 以上。所以，当时中央、省、市、县的国有外贸公司仍然是出口亏损的，中央财政会依据出口额给予这些出口企业出口补贴。因此，这些外贸公司的出口亏损实际上是假亏。在当时，外商投资企业以及非国有的拥有进出口经营权的一般企业是得不到出口补贴的，因此，高估的人民币汇率明显抑制了出口。为了鼓励企业出口创汇，在出口外汇必须强制性卖给国家的政策基础上，中央政府在 1988 年左右规定，出口企业可以保留 20% 左右的出口创汇。例如，企业出口获得的美元的 20%，可以不按 5.7 的汇率卖给国家。这些企业可以在国家外汇管理局建立的外汇调剂市场上卖出保留的 20% 左右的出口收汇，而外汇调节市场的人民币美元汇率已经高于 8。

1994 年，人民币汇率迅速大幅贬值到 8.6，与此相关的改革措施是取消官方汇率和外汇调剂市场汇率的双轨制，同时取消出口补贴。该项改革极大地促进了中国的出口，使得中国的外汇储备大幅增长。由于出口收汇仍然实行强制结汇制，因此国家在购买外汇时向市场投放了大量人民币，这相当于 1994 年汇率改革以来，中国一直在实施一项重大的货币宽松政策，它对整个中国经济的起飞都具有重大和关键的作用。也正因为此，很多专家学者都高度赞扬 1994 年人民币汇率大幅贬值的措施。笔者赞同这样的总体评价，但也有不同的观点，即这个改革措施并非由某个领导人拍脑袋突然想出来的纯金融的改革措施，它是 20 世纪 80 年代以来外贸改革，特别是出口外汇留成制度改革以及创立和运行外汇调剂市场、财政部门考虑取消出口补贴等种种改革措施综合起来的必然结果。

无论如何，1994 年人民币汇率迅速大幅贬值仍然是更加偏向金融领域的改革措施。尽管如此，笔者仍然坚信：开放对金融改革的倒逼力度远远比不上贸易，因为贸易有世界贸易组织的一整套规则以及中国加入世界贸易组织的承诺的倒逼，金融领域则没有这样刚性的倒逼。但笔者认为，开放的倒逼并没有结束，如果不继续深入进行金融改革，国际的大趋势迟早将逼迫我们做出更多突破性的金融改革。

第二节 金融管制的合理性及其弊端

与加入世界贸易组织后贸易的完全开放不同，金融管制在改革开放 40 年后仍然名正言顺。并且，在所有经济领域中，金融外汇应该是中国政府管制最多最强的领域。金融外汇领域的管制措施主要有以下 10 个方面。

（1）人民币与外币不能自由兑换。

（2）本外币资金不能自由跨境流动。

（3）境外融资不畅通。

（4）限制投资设立银行、保险、证券等金融机构。

（5）限制金融产品创新。

（6）金融机构不能跨境经营。

（7）企业和个人不能接受境外金融机构服务。

（8）存在对企业发行股票和债券的行政审批。

（9）全面禁止非主权加密数字货币。

（10）基层监管机构频繁地按上级指示对银行等金融机构实施口头的窗口指导，造成政策的多变和缺乏可预见性。

为什么在改革开放 40 年后金融外汇管制依然如此之强？因为专家学者官员普遍相信，金融开放可能带来巨大的社会稳定上的风险。确实，金融外汇管制有其合理性，主要表现在确保了中国金融的自主可控、大幅降低了金融风险、有效防范了国际大鳄阻击、保证了银行保险证券信托等金融机构的健康发展。无论如何，对于是否应该以及以什么样的强度实施金融外汇管制，有关的分析研究并不全面和深入。例如，似乎没有人分析过，由于金融管制中国损失了什么。根据笔者分析，金融外汇管制主要给中国带来 16 个方面的损失。

（1）没有跨国公司跨境财务结算总部和采购销售总部。

（2）企业融资难。

（3）企业的资金成本大于境外竞争者。

（4）企业缺乏避险工具。

（5）金融机构利润率偏高，相应的实体企业偏低。

（6）人民币国际化被阻碍和时滞。

（7）境内金融机构几乎没有全球化经营。

（8）中国企业的国际化经营缺乏境内金融机构的跟随服务。因此国内做跨国经营的中小企业难以更广范围和更深程度地开拓境外所在国当地市场。例如孟加拉国、埃塞俄比亚这样的国家，我国企业已经全面进入，但由于金融机构尚未进入，因此开拓的机遇受限。

（9）境内本土跨国公司的国际化经营水平普遍不高。这些跨国公司的国际业务目前局限于工程承包、跨国并购、国际贸易等，缺乏更深层次的国际化经营，特别在国际服务贸易的开展、知识产权经营、国际人才交流和吸纳、与境外大学的合作等方面尚不得要领。在我国金融外汇管制措施大幅取消前，这种状况难以改变。

（10）中国宏观经济政策的灵活性和主动性受限。“蒙代尔不可能三角”告诉我们：汇率的稳定性、货币政策的独立性和资本流动自由，一个国家在三者中最多只能同时拥有两者。中国现今资本不能流动自由，因此只能被动地选择汇率的稳定性和货币政策的独立性。中国的可选择性毫无疑问仍然是被约束的。

（11）上海迟迟实现不了建成国际金融中心的目标。

（12）离岸贸易缺乏稳定的经营环境。

（13）企业和人民的金融服务需求不能得到满足。

（14）中国个人的境外投资和金融交易无法开展。

（15）随着非主权加密数字货币的膨胀，中国人将相对贫困，人民币将相对大幅贬值，中国的损失将达数十万亿元人民币。

（16）汇率等随机变量有时变得不随机，有时会因此出现明显的制度性投机机会，并引发政策的被动跟随。

以上 16 个方面的损失大部分都容易理解。综合来看，其构成了对中国经济转型升级和高质量发展的主要桎梏。其中，第 15 点将在本章第十节专门论述；第 16 点主要指人民币汇率问题，由于政府不想人民币太快升值，因此在 2005—2014 年长达 10 年的时间内，人民币相对于美元均有确定性的升值预期，人民币汇率不再是随机变量，而是有单边升值趋势。这样，任何一位金融投机家都可以想办法把美元尽可能换成人民币，在中国购买无风险理财产品，然后获得利率和汇率的双收益。而为了控制外汇流入境内，国家外汇管理局采取了各种措施控制外汇流入。

因为金融外汇管制很强，所以金融领域的改革空间远大于贸易和投资，金融外汇领域的先行先试政策的含金量也较高。正因如此，深圳前海、上海自贸区等特殊经济区都热衷于，并且也确实争取到了一些先行先试的金融外汇政策。与贸易领域的令人失望不同，上海自贸区在金融领域的政策突破是非常强的。尽管获得了比境内一般城市更优惠的金融政策，深圳前海和上海自贸区等特殊经济区相比于新加坡、香港特区等国家和地区仍然在金融政策方面处于竞争劣势。

第三节　破除金融体制机制障碍的基本思路

破除金融体制机制障碍最容易想到的办法是照搬纽约、伦敦、东京、新加坡、香港等国际金融中心的做法，放开管制。但在目前阶段似乎并不可能。为此，我们这里寻求的金融改革思路必须既要能在整体上保留上节所述的金融管制措施，又要能基本消除上节所述的损失。这个思路主要包括如下内容。

（1）在指定的特殊经济区或企业实行金融“境内关外”政策，让这些地区的企业和个人以及区域外被指定的企业能够自由地与境外开展金融投资和交易活动。

（2）对指定的特殊经济区的企业和个人以及区域外被指定的企业，实施特殊的跨境资金流动管理政策。

（3）对指定的特殊经济区的企业和个人以及区域外被指定的企业，实施特殊的人民币兑换政策。同时，推进人民币国际化。

（4）要让境内企业的境外融资真的像外商投资企业那样方便。

（5）鼓励进行金融产品创新和科技金融。对于金融产品创新涉及人民币兑换额度、资金跨境流通以及资金境外营运所涉及的政策给予特殊处理。

（6）更大力度地放开金融市场准入。

（7）充分运用数字人民币。

（8）认真负责地研究和对待非主权加密数字货币。

（9）寻求突破性发展。

关于以上设想究竟如何实现、需要什么特殊政策、具体针对什么企业以及还需要考虑哪些相关金融问题，将在以下各节中分别展开论述。

第四节　以账户管理来实现“境内关外”

在金融管制仍然大量存在的情况下，通过自由贸易试验区的改革在特定区域破除金融体制机制障碍是可能的，即营造金融上的“境内关外”。

对一个特殊金融区而言，如果区内企业和个人与境外之间的跨境资金流动“只监测、不限制”，区内与“境内区外”之间的资金流动按“跨境”原则管理，那么该区域就是金融上的“境内关外”。

实际上，金融管理的“境内关外”比贸易管理的“境内关外”更容易。贸易涉及实体货物的流进流出，而货物的种类繁多，很难管好，因此在我国综合保税区、出口加工区、保税物流园区等高程度的“境内关外”区域均设有铁丝网，为的是在物理上隔开区内和区外。金融上的流进流出主要是资金，因此只要管控好账户，就能实现有效监管。

上海自贸区创设的自由贸易账户体系等于通过账户体系实现了一定程度的“境内关外”。其基本框架如下。

（1）允许在自贸区内银行设立居民自由贸易账户（FTA 账户），实现与传统账户的分账核算管理。

（2）居民自由贸易账户与境外账户、境内区外的非居民账户、非居民自由贸易账户以及其他居民自由贸易账户之间的资金可以自由划转。

（3）同一非金融机构主体的 FTA 账户与同户名的其他非 FTA 账户之间可以因经常项下业务、偿还贷款、实业投资以及其他符合规定的跨境交易需要办理资金划转。

（4）FTA 账户与境内区外企业的账户之间产生的资金流动视同跨境业务管理。

在上海自贸区的实践中，自由贸易账户 FTA（Free Trade Account）分为五种类型，一是境内机构自由贸易账户（FTE）；二是境外机构自由贸易账户（FTN）；三是区内个人自由贸易账户（FTI）；四是区内境外个人自由贸易账户（FTF）；五是同业机构自由贸易账户（FTU），适用对象为其他金融机构的试验区分账核算单元和境外金融机构。

自由贸易账户的好处主要有以下 6 点。

（1）可以在境外自由运用资金。

（2）境内企业可同时拥有境外境内 2 套账户，便于企业内外贸一体化运营。

（3）账户融资不需缴纳利息所得税（离岸利息免税）。

（4）可以是本外币一体化账户。解决了一般离岸账户（OSA）不能使用人民币的问题。账户内人民币和外币因此可用离岸汇率进行结售汇。

（5）在自贸区内的金融机构可以根据客户融资需求，订制相匹配的境外融资，从而形成一笔生意的闭环。

（6）能够先享受到先行先试的政策红利。因为国家有些先行先试的政策可能率先在自由贸易账户体系框架内施行。

举一个例子，如一家出口企业一年出口 1 亿美元，企业可以选择在 FTA 账户用离岸汇率结汇，也可选择把美元汇入境内同名账户用在岸汇率结汇。假如企业因此每美元可多获得 0.001 元人民币，则一年可多获得 10 万元人民币。

那么在没有自由贸易账户的情况下，江苏的相关金融改革怎么办？笔者的答案和建议是：可以用对其他特殊账户增加功能的办法来逐步接近 FTA 账户。为此笔者整理出我国现存的 10 种特殊账户。

（1）FTA 自由贸易账户（Free Trade Account）。

（2）OSA 离岸账户（Offshore Account）。

离岸账户可以指在境外银行开设的账户，也可以指在境内银行开设的离岸账户。OSA 专指非居民机构和个人在境内银行开设的离岸账户。

（3）NRA 境外非居民账户（Non-Resident Account）。

指非居民机构在境内银行开设的专门账户。OSA 账户与 NRA 账户的区别有以下 4 点。

一是境内中资和外资银行都可以开 NRA 账户；但只有深圳发展银行、招商银行、浦东发展银行、交通银行四家银行可以开 OSA 账户。

二是 OSA 开户主体可以是非居民机构和个人；NRA 只能是非居民机构。

三是 OSA 是外汇账户；NRA 可分别开外汇和人民币账户，但不能本币外币一体化。

四是 OSA 可以开展全面商业银行业务，包括存贷款、同业拆借、大额可转让存单、担保、咨询、见证等；NRA 只能做经常项目和跨境投资等跨境交易结算，其中，NRA 人民币账户可增加办理跨境贸易人民币融资（含融资担保）、账上资金可以存定期。

（4）跨国公司外汇资金集中运营国际外汇资金主账户。

开列该账户的企业必须成为外汇管理局批准的跨国公司外汇资金集中运营试点。该账户性质上与 FTA 账户相同，都是境内机构在境内银行开设的境外账户。因此该账户存在向 FTA 账户逼近的改革可能性。可惜，大约在 2020 年 3 月后，外管局认为可以用 OSA 账户或 NRA 账户替代此账户，因此要取消此账户。

（5）跨国公司外汇资金集中运营国内外汇资金主账户。

开列该账户的企业必须成为外汇管理局批准的跨国公司外汇资金集中运营试点。该账户是境内机构在境内银行开设的境内账户，但可以进行集团内企业的外汇资金归集和轧差结算。

（6）跨境双向人民币资金池主办企业主账户。

开列该账户的企业必须成为人民银行批准的企业集团跨境双向人民币资金池试点。此账户为境内企业在境内银行开设的境内账户，但可以进行集团内企业的人民币资金的归集运作等。

（7）在中国银行间外汇市场的外汇账户。

专门用于外汇市场交易清算的账户。江苏自贸区有一个其他自贸区没有的政策：自贸区内跨境财务结算中心经批准可以进入境内银行间外汇市场交易。

（8）出口收入存放境外账户。

境内优质出口企业经批准在境外银行开设此境外账户，出口收入可以暂留境外。此收入在境外的运作很难透明，实际可自由运作。例如，外汇管理局一般可能认为该账户不能存放人民币，不能结汇售汇。但境外银行的账户通常都可以同时存放人民币和外汇，也可以结汇售汇。

（9）招商银行香港一卡通。

境内个人在招商银行香港分行开设的账户。

（10）数字货币钱包。

数字人民币的使用不需要银行账户，直接通过数字钱包划转。但我认为，数字钱包实际上可以理解为直接开在中国人民银行的账户。因此，数字货币钱包是非常特殊的账户。

通过这些账户实现“境内关外”的金融功能的改革诉求可以有：

对 OSA 账户，请求增加人民币功能、允许境内机构开户等；对 NRA 账户，试点本外币一体化、允许全商业银行业务等；对跨国公司外汇资金集中运营主账户，允许试点企业保留此账户、增加人民币功能等；对中国银行间外汇市场开立的外汇账户，允许进行一般商业账户运作；对出口收入存放境外账户，允许存放人民币，允许结售汇，允许进行境外的一般商业账户运作；对数字人民币，鼓励在贸易和投资中应用于跨境人民币收付。

需要特别指出：金融上的“境内关外”可以很容易地通过建立账户体系的方法来实现，它不需要像海关特殊监管区那样用铁丝网围住一个区域。因此从操作性来讲，金融的“境内关外”改革的可复制性强于贸易和投资。

第五节 资金跨境流动管理

用特殊账户来实现“境内关外”，这使得账户内的资金可以在境外自由运作，但这并不能保证境内外资金的跨境流通。实现境内外资金的自由流动是必须考虑的另一个问题。

境外或离岸账户与境内账户的跨境流动目前可以在以下情况下进行。

（1）可以因经常项目下业务、偿还贷款、实业投资以及其他符合规定的跨境交易需要办理资金划转。

（2）跨国公司总部外汇资金集中运营管理实现归集外债额度限额下的外汇流入和归集放款额度限额下的外汇流出。在额度限额下实现自由跨境流通。

（3）企业集团内双向人民币资金池业务。实现人民币流入和流出限额下的自由跨境流动。

（4）个人5万美元结售汇额度下的跨境资金自由流通。

这里的第一点，实际上保证了正常的贸易和实业投资的需求。但资金的跨境流动的需求在很多情况下超越第一点。比如：惠普中国公司生产笔记本电脑需要采购英特尔公司的芯片，因为惠普公司大量采购，英特尔公司要在当年底向惠普公司一次性支付十几亿美元的佣金，这个佣金的支付没有与具体的贸易物流相对应，因此外汇管理局不能依据第一点来允许惠普中国公司的账户接受这笔佣金。

跨国公司总部外汇资金集中运营管理提供了接受这笔佣金的渠道。外汇管理局允许开展跨国公司总部外汇资金集中运营管理的试点企业开列国际外汇资金主账户和国内外汇资金主账户。国际外汇资金主账户可与境外资金自由往来。国内外汇资金主账户用于集中运营管理跨国公司境内各个子公司的资金、进行经常项目外汇资金集中收付汇以及经常项目轧差净额结算。从国际外汇资金主账户划入国内外汇资金主账户的额度不得超过可集中的外债额度，从国内外汇资金主账户划入国际外汇资金主账户的额度（对外放款总规模）不得超过境内成员公司所有者权益的50%（这个比例国家外汇管理局可以根据形势修改，例如当需要控制外汇流出时，外汇管理局可把50%降为30%）。

也就是说，在可集中的外债额度内，试点企业集团的境外资金可以自由流入境内账户；在对外放款总规模内，试点企业的境内外汇可以自由流向境外账户。正因如此，跨国公司总部外汇资金集中运营管理可以精准地解决外汇资金跨境流动问题。

企业集团内双向人民币资金池业务是中国人民银行的创新业务，该业务对账户的跨境人民币资金净流入额和净流出额设定上限。跨境人民币资金净流入额和净流出额上限＝资金池应计所有者权益 × 宏观审慎政策系数，初期净流入额宏观审慎政策系数为0.1，净流出额暂不设限。同时，中国人民银行规定：企业集团内双向人民币资金池内的资金应为企业生产经营活动和实业投资活动的现金流，融资活动产生的现金流暂不得参与归集。

个人 5 万美元结售汇额度下的跨境资金自由流通已经实施好多年。实施过程中基本没有问题。值得指出的是，在服务贸易项下的进出口的收付汇和结售汇也都是属于第一种情况，是没有问题的。因此，中国学生出国留学的学费、住宿费、生活费等都是在 5 万美元额度以外获得跨境流通保证的。

综上所述，金融改革里的资金跨境流动已经有了跨国公司总部外汇资金集中运营管理、企业集团内双向人民币资金池业务等试点的突破，今后的改革就是进一步扩大试点的范围和深度。例如，2021 年 3 月 12 日，中国人民银行、国家外汇管理局发文决定在深圳、北京开展跨国公司本外币一体化资金池业务首批试点（下称“试点”）。“试点”的政策突破主要表现在以下 3 个方面。

（1）本外币统一政策。一直以来，本币与外币跨境资金池业务的主管部门不同。外币跨境资金池业务，也就是跨国公司外汇资金集中运营，归外汇管理局管理；而人民币跨境资金池业务则归央行管理。同时，两项业务也各有自己的业务规则，很多功能无法实现互联互通。比如，外币跨境资金池试点企业无法用离岸汇率对外汇人民币进行结售汇。上海自贸区和海南自贸港的自由贸易账户虽然可以实现本外币一体化，却没有集团内部的轧差结算政策。而此次的“试点”整合现有各类资金池，实现了跨国公司企业集团内跨境本外币资金一体化管理，既可以实现自由贸易账户汇率结算，又可以实现集团内部子公司之间外汇和人民币资金的轧差结算。

（2）进一步便利资金划转和使用。“试点”明确，主办企业国内资金主（子）账户结汇资金可直接进入人民币国内资金主（子）账户，国内资金主账户资金也可直接下拨至成员企业自有账户办理相关业务，有效提升了便利度和实际效益。

（3）实现一定额度内的意愿购汇。“试点”明确，购汇所得外汇资金可存入国内资金主账户，用于对外支付；允许一定额度内意愿购汇，为跨国企业汇率风险管理创造了更为有利的条件，有效降低了企业的汇兑成本。

第六节　人民币自由兑换及本币国际化问题

关于人民币自由兑换，官方的说法是现在只缺资本项目的完全可兑换。但实际上，即使在国际收支的各个分类上都实现了完全可兑换，仍然存在两个需要回答的问题：一是能否允许人民币外汇的无理由兑换，二是外汇和人民币能否自由地跨境流动。只有同时对这两个问题给予肯定的回答，人民币的自由兑换才是完全的。

即使面对完全的人民币自由兑换，现今的中国也完全有能力实施。这样的判断是基于中国强大的制造生产能力、庞大的外汇储备规模、受控的通货膨胀率以及境内人民币在无风险、低风险和高风险领域的丰富投资机会。中国之所以在改革开放 40 多年后的今天仍然没有实施人民币自由兑换，是因为大量的专家学者警告人民币自由兑换对于金融、经济和社会的风险。实际上这些风险即使对于美国、日本、英国、德国也是始终存在的。正确的决策咨询应该是充分讨论正反两方面的效应，然后选择是否实施。

一、美元霸权给美国带来的好处

（1）发行美元会给美国带来铸币税。但铸币税并非如想象得那样高。例如：设想美国发行 1 万美元纸币购买了美国国债，美国政府因此获得国债利息，卖出这笔国债的美国公司用这笔美元购买了价值 1 万美元的中国商品，这里的铸币税的数量级完全达不到 1 万美元。因为中国取得了 1 万美元就相当于获得了美国的 1 万美元的债权，中国能够在任何时候用这笔 1 万美元从美国买回所需要的商品。美国获得的铸币税主要表现为利息差和通货膨胀。这里的利息差是指美国政府不需为付出的 1 万美元支付利息，根据2021年的利息水平，印制1万美元获得的年利息差大概只有300美元。如果中国获得该1万美元后立即买入美国国债，美国还需为此1万美元支付利息，这时的利息差就更少甚至可能为负。至于通货膨胀很好理解，在通货膨胀下中国获得的1万美元在一段时间后只能买回更少的东西，美国就因此获得相关的铸币税。但事实也存在通货紧缩，在通货紧缩下美国获得的相关铸币税就是负的。根据弗里德曼的著名论断，"通货膨胀永远而且到处都是一种货币现象"，通货膨胀取决于美国政府是否滥印钞票。

那么美国政府有没有滥印钞票呢？2019年底，美国的广义货币M2占美国GDP的比例只有71.7%[①]，而人民币占中国GDP的比例为201%[②]。即使在为应对新冠肺炎疫情而大印美元后的2021年4月，美国的广义货币M2也只有20.14万亿美元，远少于中国在2020年9月的31.78万亿美元[③]。根据在百度查询的数据，在1975—1985年的十年间，美国每年所征收的铸币税占GDP的比重为1.17%，英国为1.91%，法国为2.73%左右，中国1980—1995年期间为6.5%。也就是说，拥有美元霸权的美国铸币税比例并没有高于英国、法国和中国。

（2）在应对类似新冠肺炎疫情这样的公共危机时，可以通过增发货币来提供财政资金。但美国这么做的前提是此前印发美元必须是克制的。此方法提供应对公共危机的次数是非常有限的。

（3）提升美国企业的竞争力。美国企业因为美元霸权从而在投资、贸易、吸引人才等方面获得优势和便利。

（4）有利于把本国适当的城市建设成为国际金融中心

---

① 2019年美国M2是15.33万亿美元，GDP是21.37万亿美元。因此，2019年底，美国的广义货币M2占美国GDP的比例是71.7%。

② 据国家统计局网站，2019年"货币和准货币(M2)供应量"是1986488.82亿元，GDP是986515.2亿元。因此2019底，中国广义货币M2占GDP的比例是201%。

③ 据国家统计局网站，2020年9月"货币和准货币(M2)供应量_期末值"，中国M2为216.42万亿元，按照2020年9月30日美元汇率6.8101，算出是31.78万亿美元。

（5）可以用美元支付系统来提供政府所需的制裁手段

（6）可以更好地抑制通货膨胀。

在相同的货币发行量下，大量美元流向境外，相当于本国货币的紧缩。这有利于抑制通货膨胀。

二、美元霸权也给美国带来了坏处

（1）加剧了美国制造业等实体经济的萎缩。由于可以通过印发美元来弥补国际收支逆差，所以长期以来，美国对贸易逆差并不在乎，甚至美国学界政界认为这是正常的，是符合美国利益的。由此美国的贸易逆差愈演愈烈。但贸易逆差意味着美国在向国外购买产能，美元的强势与全球化浪潮以及美国高昂的劳动力价格一起，正在逐步摧毁美国自身的工业体系和生产制造能力。

（2）美国的货币政策环境趋紧。

由于常年均有大量美元流向海外，因此美国的货币政策环境在正常情况下都是趋紧的，这不利于美国经济的发展。

综上所述，我们关于人民币自由兑换及国际化问题可以得出以下结论。

一是人民币自由兑换问题并不在于其可操作性和怎样做，而在于是否想做。

二是应该在充分衡量正、反两方面的利弊因素的基础上，抉择何时实施人民币自由兑换。遗憾的是，到目前为止，我国的专家学者并没有充分衡量正、反两方面的利弊因素。

三是人民币自由兑换是人民币充分国际化的必要条件。

四是美元霸权的好处十分有限，美国完全没有必要把维护美元霸权作为主要的奋斗目标。

五是美元国际化还是有好处的，人民币因此也应该国际化。但中国在此过程中，不能学习美国以大量的贸易逆差为代价来输出人民币。

第七节　利率市场化及境外融资问题

中国加入世贸组织使内外贸市场实现了一体化。由此，中国企业和它的境外竞争企业在内外市场一体化的框架下所进行的竞争基本上既是直接的又是公平的。这种公平主要体现在贸易政策方面的公平。由于各国和地区的劳动力以及其他的资源价格不同，境内外企业之间的竞争仍然有很多不公平的地方，这种不公平的存在是经济全球化的一个重要原因。

各国企业间竞争的不公平，除体现在各国和地区的劳动力以及其他的资源价格不同外，还体现在企业获取资金的价格不同。资金价格在国内是由国内金融市场的利率形成机制所决定；在国际则为企业获取国际最低价格资金的能力所决定。因此，本节讨论利率自由化及境外融资问题。

在 2013 年上海自贸区建立之前，我国是由中国人民银行确定银行存贷款利率，然后由各商业银行上下浮动一定的百分比来作为各商业银行的存贷款利率。2013 年 9 月，金融机构贷款利率管制全面放开，存款利率浮动区间的上限为基准利率的 1.1 倍。当时，上海自贸区率先取消存款利率的浮动上限。2015 年 10 月，央行决定不再设置存款利率浮动上限。利率市场化在全中国实现。

目前的贷款市场报价利率 LPR 是由 20 家左右的银行，根据本行对最优质客户的贷款利率，以中国人民银行公开市场操作利率（主要指中期借贷便利利率 MLF）加点形成的方式报价，由中国人民银行授权全国银行间同业拆借中心计算并公布的基础性的贷款参考利率。各金融机构在 LPR 基础上加减基点进行贷款定价。中期借贷便利利率 MLF，是指中央银行提供中期基础货币的货币政策工具，由中国人民银行在 2014 年 9 月创设。MLF 的发放对象是符合监管要求的商业银行和政策性银行，发放方式为质押方式，发放期限为 1 年至 3 个月不等。

中国利率市场化的机制是：由央行确定基础货币资金的 MLF 利率，由

20 家左右的代表性银行每月共同报价决定贷款市场报价利率 LPR。

但我国的利率市场化改革还需要深化。一是人民银行的存款基准利率仍然没有取消；二是 LPR 目前偏高，从而对银行有利、对实体企业不利。我认为这是由 LPR 报价机制决定的。目前，LPR 由 18 家左右的报价银行于每月 20 日（遇节假日顺延），以 0.05 个百分点为步长，向全国银行间同业拆借中心提交报价，全国银行间同业拆借中心按去掉最高和最低报价后算术平均，向 0.05% 的整数倍就近取整计算得出 LPR，于当日 9 时 30 分公布。那么既然是全部由银行报价，银行肯定倾向于报高一点，因为银行大量的存量贷款项目都与 LPR 相关，而 LPR 一旦确定，贷款实际利率就相应确定。这里贷款实体企业完全没有话语权，只能被动接受。加上我国对银行投资准入有非常严格的限制，银行同业竞争并没有激烈到纯市场化程度，因此银行可以不需要因竞争需求来充分降低 LPR 报价。

2008 年国际金融危机以来，境外资金价格显著地低于境内。所以，是否能够到境外融资对于企业的竞争力有很大影响。为此，深圳前海争取到了港币可贷给区内企业的政策，昆山深化两岸产业合作试验区争取到了台币可在台企集团内互贷的政策。上海自贸区的境外融资政策含金量更高，而且这条政策目前已经向全国推广。政策的主要要点如下。

分账核算境外融资的上限不得超过：

资本 × 境外融资杠杆率 × 宏观审慎调节参数

该公式中，目前宏观审慎调节参数初始值设定为 1；境外融资杠杆率为：

（1）区内法人企业：资本的 2 倍。

（2）区内非银行金融机构：法人为其资本的 2 倍至 3 倍；非法人为法人资本的 5% 至 8%；

（3）新设法人银行机构：一级资本的 5 倍；

（4）区内非法人银行：其境内法人机构一级资本的 5%。

由上海自贸区试验后向全国推广的这个境外融资政策叫作全口径跨境融资宏观审慎管理。这样，原来在中国主要由外商投资企业才能确定性享受的境外融资政策已经给予了所有企业，内资企业因此消除了最后一个落后于外商投资企业的政策待遇。对外商投资企业而言，过去允许以投资总额和注册资本的差额（所谓投注差）为额度进行境外融资，如今，其可以一次性选择投注差模式或全口径跨境融资宏观审慎管理。

在境外融资方面，今后进一步的改革是：在目前绝大多数内资企业并不知道的情况下，让更多企业知道可以按全口径跨境融资宏观审慎管理模式进行境外融资。同时，对企业的境外融资额度应该予以保证，并明确不需审批，只需登记备案即可。

第八节　金融产品创新

2021 年 6 月，9 只基础设施公募 REITs（不动产投资信托基金）完成公开认购后正式在上海证券交易所、深圳证券交易所上市。从功能上看，基础设施公募 REITs 能有效盘活存量资产，拓宽社会资本投资渠道，提升直接融资比重，增强资本市场服务实体经济质效。短期有利于广泛筹集项目资本金，降低债务风险；长期有利于完善储蓄转化投资机制，降低实体经济杠杆，推动基础设施投融资市场化、规范化健康发展。对于投资者而言，基础设施公募 REITs 是国际通行的配置资产，具有流动性较高、收益相对稳定、安全性较强等特点。

很显然，这是很好的金融创新产品，于公于私、对大家都有利。这样的金融产品在境外的金融市场已经存在数十年，但我们现在才有，反过来说明中国金融产品的贫乏。

与中国金融产品的贫乏相对应的，纽约金融市场产品创新非常多，也非常方便。理论上，在纽约只要能找到交易对手，互相之间签署的不违反法律的任何金融对赌协议都可以上升为金融产品。好莱坞电影《大空头》里，独眼基金管理人迈克尔·布瑞发现美国房地产市场建立在高风险并且回报越来越少的次级房贷的基础之上，他预测房地产市场将于2007年的第二个季度崩溃。于是他找到银行，希望签署一个信用违约互换的贷款违约保险合同，结果很容易地得到银行的回应、签署了合约，这相当于该银行创设了这一个新产品。纽约金融市场金融产品的丰富性为投资者提供了最丰富的机会，这是纽约能够成为世界最大的金融中心的重要原因。

由于中国金融产品缺乏，苏州上市公司莱克电气明知人民币升值风险但无法回避。为此，高盛香港公司的高管向莱克电气推销他们的一款特制的金融产品，承诺可以帮企业锁定人民币远期汇率。此产品正中莱克电气下怀，出于对高盛的信任和敬畏，莱克电气在没有仔细研究数十页的合同条款的情况下与高盛在2018年左右签署了该协议，而高盛在知道中国官方的外汇管理局不允许内地企业如此接受境外金融机构服务的情况下也硬是签署了该协议。随后双方实施了该金融操作。出乎意料地，高盛为实现该金融产品的目的而在金融市场进行的金融操作导致了数亿美元的亏损。为此，高盛依据合同要求莱克电气赔偿损失，而莱克电气因不了解高盛如何操作造成损失而拒绝赔偿。该争议虽由中国香港的仲裁机构判定为高盛胜诉，但该仲裁在中国法院不一定得到认可，因为中国官方机构清楚：高盛香港（公司）是在明知中国官方的外汇管理局不允许内地企业接受其金融服务的情况下签署的协议。

上述案例从表面看起来，中国的金融管制有可能阻止莱克电气的损失。但从深层次看，中国金融市场缺乏汇率避险工具、金融产品贫乏、企业普遍不熟悉国际金融才是问题的根源。面对做“缩头乌龟”还是做“弄潮儿”的选择题，对于已经全面高水平实现小康、开启社会主义现代化新征程的中国而言，答案是不言而喻的。

当前，中国金融的风险防范意识很强，这是应该的，但很多事情不能一概而论。例如，早在 2008 年招商银行私人理财客户经理就向笔者推荐投资股票的分级基金的优先级投资份额，笔者那时预测股票将大跌，并且刚刚清仓所有股票，但当笔者阅读了那个分级基金的协议后，笔者明白只有劣后级投资者才真正承担风险，因为当基金下跌 30% 后，托管银行会强制清仓股票，并且立即优先地连本带息把资金划转到优先级投资者账户，笔者明白优先级因此是几乎无风险的，除非股票连续跌停。笔者于是立即购买了优先级份额，结果那个基金因亏损而清盘，笔者依据合同获得了 12% 以上的收益，而劣后级投资人损失惨重。如今这样的投资股票的分级基金似乎是不允许存在的。但笔者认为应该允许，金融市场应该提供丰富的选择性，应该培育大量交易的对手方，应该鼓励金融产品创新。这样做的好处是能够建成国际金融中心，能够锻炼培育出熟悉和掌握国际金融市场的人才和金融机构；坏处是类似劣后级基金份额投资人的投资者将承担高风险，可能会破产倒闭，但对这些投资者而言，这种后果他们是事先充分认识并愿意承担的。

第九节　科技金融

科技金融包含两大主题，一是如何以科技手段做金融；二是金融如何支持科技创新。

以科技手段做金融，主要是指利用因特网、移动互联网、数字技术、大数据、数学模型、人工智能等技术来做金融。在这方面，有的企业做得相当成功，表现在如下几个方面。

一、成功解决了电子商务中买卖双方的支付问题

在国际贸易中，买卖双方可能互不信任，买方担心预付款后，卖方不按合同要求发货；卖方也担心在发货和提交货运提单后买方不付款。19 世纪 80 年代的英国为此发明了信用证，实现了国际贸易支付方式上的革命。信用证是银行有条件保证付款的证书，按照这种结算方式的一般规定，买方先将货款交存银行，由银行开立信用证，通知异地卖方开户银行转告卖方，卖方按合同和信用证规定的条款发货，银行代买方付款。这样以银行信用代替商业信用，保证了国际贸易支付方式的安全可靠。

但阿里巴巴在开辟淘宝业务的过程中，发明了新的支付方式。目前笔者没有听说过这个新的支付方式的正式名称，所以姑且称为第三方（或平台方）保证金账户支付方式。它是让买家先把买货的钱汇到淘宝的保证金账户，等买家收到卖家的商品后，淘宝再把这笔货款汇给卖家的账户。笔者认为，正是这样一个比信用证简单得多的支付方式，加上期初淘宝免收开店费用，再加上淘宝规定的 7 天无理由退货，这三大法宝成为淘宝战胜先于其 3 年开张并得到美国 eBay 控股支持的易趣网的关键。

但淘宝网主要是从事国内电子商务。国际贸易由于复杂得多，迄今仍主要采用信用证支付方式。

二、大幅扩大了没有抵押品或信用记录的贷款规模

长期以来，没有抵押品的企业很难得到银行贷款，没有信用记录的企业就更难得到银行贷款。但阿里巴巴由于掌握商家在平台上的买卖记录，因此可以把这样的大数据作为贷款依据。这就成功解决了一直困扰我国的无抵押贷款问题，甚至开辟了无信用记录贷款的先河。由于阿里巴巴独家掌控数据，因此它甚至可以通过与银行合作的方式、用银行的钱来做此类依据大数

据的贷款。此外，这些企业还通过处理来自支付系统、社交媒体和其他来源的大量新数据来评估信用度，从而推动了这项新贷款业务的发展。

三、用新型买方信贷促进了中小企业的出口

在阿里巴巴国际站平台，阿里巴巴可以为购买其服务的中小企业的境外客户提供买方信贷。这应该被视为新型买方信贷，因为它专门针对中小企业的买卖，并且贷款依据是大数据。而传统的买方信贷通常都是针对大笔买卖，并且贷款通常有担保或抵押，并且买方必须有良好的信用记录。

四、开拓了利用大数据开展创业和股权投资的渠道

在阿里巴巴平台上沉淀的数据当然同样可以作为投资的可靠依据。如果有办法采集更多数据，例如与其他电商平台交换部分数据，以此为依据开展创业和股权投资的道路是非常宽广的。

五、扩大了现金类理财基金的规模，提高了资金效率

阿里巴巴或这些企业成立托管于银行的基金，专门募集电商平台上相关账户的闲置资金，投资于无风险或低风险固定收益的债券，这是很容易被构想并且易于实现的。这些企业的这个成功实践也很容易地被应用于吸纳社会大众的资金，由此大幅扩大了我国现金类理财基金的规模，提高了资金效率。

境内居民对这些企业的这个贡献可能并不觉得了不起。但对照香港就知道这不容易。因为香港几乎没有现金类无风险或低风险基金，因此通常香港账户里数日不用的资金是没有无风险投资增值渠道的。

六、创造了更多金融产品

依据阿里巴巴平台上沉淀的数据以及这些企业开展的创新业务的积累，这些企业或许能够创造更多金融产品。

七、创建了支付宝新型支付方式，普及了移动支付方式，节约了商家的财务成本

支付宝的情况大家都熟悉。但支付宝能够节约商家的财务成本大家不一定清楚。过去，商家多接受信用卡支付，为此商家要给予发卡银行一定百分比的佣金。现在，很多商家只接受支付宝支付、微信支付，不接受信用卡支付。

八、刺激银行产生更多的竞争和改革意识

这些企业的创新就像鲇鱼搅动了银行的一池春水。促进了银行的改革创新。

无论如何，这些企业能取得以上成就离不开金融监管当局的“宽容和呵护”。就拿作为淘宝成功的法宝之一的第三方（或平台方）保证金账户支付方式为例，金融监管当局能够容忍成百上千亿元的资金涌入淘宝的这个第三方账户，这是非常不寻常和难能可贵的，因为其间监管当局承担了巨大的风险。试想，如果这个账户出现任何问题，那将涉及数以亿计的消费者的财产安全，整个社会都可能不稳定。所以，这些企业应该以感恩而不是责怪的心态看待金融监管。金融监管机构也必须强化对庞大的这些企业的监管，包括反垄断监管。

除与这些企业类似的科技金融外，我国以科技做金融的实践还包括央行发行数字货币、量化投资、银行网银和手机 App 的广泛使用、非主权数字货

币挖矿等。必须指出的是，无论是这些企业还是其他很多机构和企业，都大量借鉴了美国 PAYPAL、亚马逊等公司的科技金融经验。中国迄今为止的科技金融创新基本都是开放性创新，而非独立创新。

关于金融如何支持科技创新，我国在创业投资、股权投资、优先支持科技企业上市、在上交所开辟科创板、设立科技投资基金、对科技企业的信贷支持、对科技创业者的信用评估、对科技成果的估值、支持企业并购和参股境外高科技企业等方面均取得了巨大的成果。一个值得拿来讨论的例子是，很多商务、金融、科技部门的考察小组在美国硅谷考察后，都注意到硅谷银行对于特别欣赏的创业项目可以在给予信贷支持的同时获得投资选择权。但我国的银行法禁止银行向非自用不动产投资或者向非银行金融机构和企业投资，为此国内各大开发区和银行动了很多脑筋，基本的措施是银行在香港设立一个全资子公司，然后由此公司投资银行看重的初创企业。该办法在实践中是如此有效，以至于笔者在江苏自贸区方案中加入一个绕开银行法对投资限制的改革措施的设想，因银行并没有热烈赞同的反馈而放弃。笔者当时设想的改革是：允许自贸区内的银行在给予区内科技型企业贷款支持的同时，获得对该企业以固定价格获得固定份额股份的投资选择权，银行获得的该选择权可以出售但不可由银行实施。

第十节　金融市场准入

大家都知道，在中国开办银行、保险、证券以及信托等金融机构是很难获得批准的。笔者工作的商务管理部门过去曾负责设立典当公司和商业保理公司的审批和管理，记得那时并无文件说这些公司不能设立，但规定要去商务部审批，而商务部一般不批或要过好多年才批几个。

根据2020年12月颁布的《市场准入负面清单（2020年版）》，金融市场准入限制特别多。这些限制包括：

（1）非金融机构、不从事金融活动的企业，在注册名称和经营范围中不得使用“银行”“保险”“证券公司”“基金管理公司”“信托公司”“金融控股”“金融集团”“财务公司”“金融租赁”“汽车金融”“货币经纪”“消费金融”“融资担保”“典当”“征信”“交易所”等与金融相关的字样；原则上不得使用“融资租赁”“商业保理”“小额贷款”“金融”“资产管理”“理财”“网贷”“网络借贷”“P2P”“互联网保险”“支付”“外汇”“基金管理”等与金融相关的字样。

（2）未获得许可，不得设立银行、证券、保险、基金等金融机构或变更其股权结构。

（3）未获得许可或资质条件，不得设立融资担保、典当、小额贷款公司、征信机构等相关金融服务机构。

（4）未获得许可，不得设立金融机构营业场所、交易所。

（5）未获得许可，不得从事特定金融业务。这些业务包括：金融机构发行金融债券、资本补充债券；保险公司发行次级定期债；企业债券发行、公司债券发行注册；上市公司发行可转换为股票的公司债券；金融债券承销；银行间债券市场结算代理；证券公司发行短期融资券；境内机构外债、对外或有负债、外债转贷款；信用评级机构进入银行间债券市场开展债券评级；境内金融机构赴境外发行人民币债券；商业银行、政策性银行、金融资产管理公司对外从事股权投资及商业银行综合化经营；开展存托业务；银行、农信社、兑换机构及非金融机构等结汇业务、售汇业务的市场准入和退出以及保险、证券公司等非银行金融机构外汇业务市场准入和退出；从事银行卡清算业务；补充保险经办机构资格；证券公司、期货公司变更业务范围；期货公司经营资产管理业务、境内及境外期货经纪业务、期货投资咨询业务；基金服务机构和公开募集基金的募集基金；基金托管人、公募基金管理人资格；

推出关系社会公众利益的保险险种、依法实行强制保险的险种和新开发的人寿保险险种等的保险条款和保险费率；保险公司拓宽保险资金运用形式；保险代理机构、保险经纪人经营保险代理和经纪业务；保险公估人经营保险公估业务。

（6）未获得许可或资质条件，不得从事代理国库业务。

（7）未获得许可或资质条件，非金融机构不得从事证券期货服务及支付业务。

（8）未履行法定程序，不得从事证券投资、衍生产品发行、外汇等相关业务。

（9）未获得许可，不得发行股票或进行特定上市公司并购重组。

（10）未获得许可和资质条件，不得从事人民币印制、技术设备材料相关业务。

（11）未获得许可，金融机构高级管理人员不得任职。

尽管金融市场准入限制特别多，但这种限制对内外资是一样的，这表明金融改革仍然是有实际突破的。所以，目前外商投资准入负面清单中几乎没有金融项目。

必须指出，对金融机构的管制不仅仅局限于《市场准入负面清单（2020年版）》，因为这个负面清单是指我国金融市场的准入限制，并不涉及境外金融市场。在境外金融市场，各个国家的政府机构固然会有很多准入限制，但我国金融监管机构对金融机构境外投资同样有严格限制。该限制是如此严格，以至于一般中小银行根本就不能获准境外投资。这种管制造成的损失就是本章第二节所总结的16条损失中的第7点、8点、9点。像埃塞俄比亚，尽管我国在那里投资有东方工业园这样的开发区并且有很多中资企业，但迄今没有中资银行。虽然其中主要的原因是埃塞俄比亚政府不允许外资银行进入，但中国如果有挟大量投资和援助的理由，明确提出开银行的要求，埃塞俄比亚政府给予一个银行投资名额的可能性还是较大的，毕竟，埃塞俄比亚确实已经有中资以外的外资银行。金融机构没有跟进作为这个问题，其实在“一带一路”倡议的实践中普遍存在。比如，“一带一路”倡议中存在的最大问题，是企业境外资产无法抵押贷款，造成企业境外投资越多，资金越紧张。

市场经济中，市场供给主体越多，市场供给就越充分。如果供给不充分，需求端就会受损。如果供给主体是凭政府严格控制的审批牌照来产生，这样的主体事实上具有垄断性。固然，这些具有垄断性的市场主体可以有更多的利润空间来进行合规和风险管理，但需求端的受损也是不可避免的。在金融领域，需求端是老百姓和实体企业。为了更好地满足人民对美好生活的需求，克服实体企业融资难、融资贵等问题，应该尽可能地放开市场准入。当然，金融监管部门也有充分的理由坚持严格限制金融市场准入，但在坚持这样的理由的同时，也应该不忘初心，尽量满足人民群众和实体经济的需求。为此，如果不能一下子全部放开，可以进行渐进化改革，例如在自贸区等国务院批准的试验区先行先试。

在改革开放之初，最吃香的行业曾经是外贸公司，那时候主管外贸公司的商务部门也有充分的理由坚持对外贸经营权实行牌照管理。这些理由包括：外贸企业直接谈进出口商品的价格，因此直接影响中国的整体经济效益；防止对国家出口退税资金的诈骗；防止出口假冒伪劣商品影响中国制造的信誉。凭着这些理由，商务部完全可以坚持不放开外贸经营权或外贸公司的牌照。但在中国加入世贸组织以及先前的恢复关贸总协定缔约国地位的谈判中，美国等外部力量完全不可能同意保留对外贸的审批牌照制度。于是在开放的倒逼下，我国放开了外贸公司的投资准入，任何企业，甚至个人都可以拥有进出口经营权。二十多年的实践表明，放开外贸经营权极大地促进了中国外贸的发展，其间并没有出现大的问题。

第十一节　加密数字货币

随区块链技术发展起来的加密数字货币成为当今金融的热点和未来金融的关键点。讨论加密数字货币必须要区分主权国家发行的主权加密数字货币和民间利用各种区块链数学模型创建的非主权数字货币。本节分别论述。

主权加密数字货币对于金融乃至人类社会发展的意义远不如非主权加密数字货币。其本身仅仅是中央银行发行货币的一种新形式。对于习惯了电子转账的企业和个人而言并没有多少改变。笔者认为，伴随发行主权加密数字货币而出现的数字货币钱包才是真正值得关注的。因为这是电子转账首次不需要通过商业银行账户，它兆示：随着电子计算机的高速发展，中央银行的控制将越来越广、越来越深。

主权数字货币钱包实际上相当于数字货币拥有者在中央银行开列的账户。数字货币的流通因此可以绕开商业银行而直接仅与央行发生关系。如果不同国家央行都发行数字货币并且这些央行之间都签署有合作协议，那么资金的国际流动可以绕开商业银行，从而绕开当今主导国际货币流通支付的SWIFT 系统。所以，尽管数字人民币目前仅在 10 个城市进行测试并且主要用于零售支付，但将来完全可以用于国际结算，前提是结算双方所在国的央行之间签署有合作协议。

理论上，中央银行可以和境内外不同的商业银行分别签署合作协议，从而实现中国数字人民币拥有者与境外拥有相应商业银行账户的客户之间的直接支付，这不但可以节约支付费用，也可以绕开 SWIFT 系统，从而打破利用 SWIFT 系统进行的国际金融制裁。所以，发展数字人民币对于中国意义重大。

从人类社会发展以及金融发展的角度看，非主权数字货币才是真正具有重大意义的，它可能改变人类发展进程。我们知道，货币来源于最初的以物易物的贸易。原始贸易中逐渐产生对一般等价商品的需求，这个一般等价商品如果被人们普遍接受，就成为货币。而一个东西要成为这个一般等价商品必须具有稀缺性并且便于携带、可以为各种大小金额的买卖所广泛应用。历史上贝壳以及金、银、铜等都曾被应用为货币。实际上，非主权数字货币也具备稀缺性、便于携带、可以为各种大小金额的买卖所广泛应用的货币属性。只要接受的人多了，最终完全可以作为货币来使用。

必须指出，货币的天然属性并没有主权国家背书的要求。金银虽没有主权国家的背书，但没有人怀疑其货币功能；而 2015 年左右，委内瑞拉的纸币虽然有国家背书，但如今一文不值，早已丧失货币功能；即使有世界最强国背书，美元作为货币的购买力在最近 50 多年里都是一直递减的；即使有强大的欧盟背书，躺在欧盟账户上的欧元是会时刻缩水的，因为当今的欧元年利率是负的。主权国家背书的法币不但有通货膨胀贬值问题，还可能有通货紧缩升值问题。比特币等非主权数字货币虽没有国家的背书，但由于其设计上天然满足稀缺性等货币属性，因此，只要人们普遍接受，最终就将成为真正的货币。

目前，接受加密数字货币的人还很少，远远没有达到使之成为公认的货币的临界点。但其增长势头很猛。虽然各国官方对加密货币进行抑制，但伊隆·马斯克等绝顶聪明和成功的企业家、发明家以及索罗斯等对冲基金行业的知名人物正在深入加密货币领域。网络时代和数字时代为加密货币提供了存在和利用的空间。未来，马斯克建立的火星帝国也将大概率地使用比特币和狗狗币。

必须认识到：加密数字货币具有无限的发展前景。试想，如果全世界的商品和服务都用总量已经被限定为 2100 万个的比特币来衡量，那比特币的价格该有多大？如此看来，如今在 30000 美元左右徘徊的比特币价格实在是微不足道的。这也许是如今非主权加密数字货币更多被应用为投资而非交易的主要原因。

目前，我国对比特币采取的是全面禁止的政策。但这个政策未经深入考虑，包含巨大风险。试想，如果数十年以后，随着比特币和其他非主权加密数字货币被越来越多的人所接受，从而越过临界点，中国人不得不接受这些非主权加密数字货币。那时，这些非主权加密数字货币的总金额将是天文数字。中国政府和人民可能在这些非主权加密数字货币向天量总值的膨胀过程中一无所获。这将意味着人民币相对的大幅贬值和中国人民的相对贫困化，中国将损失数十万亿元人民币。所以，审慎地让政府和人民谨慎分享非主权加密数字货币的膨胀成果是一个非常值得考虑的问题。

目前，非主权加密数字货币的两大问题是币值波动太大、实际支付使用太少。为此，稳定币应运而生。稳定币可以是央行数字货币，也可以是非主权加密数字货币锚定了美元等法币或者其他价值稳定的资产。由于 Chainlink 这样的区块链预言机提供了透明度保障，稳定币更容易被放心使用。理论上，企业可以通过稳定币绕开所有的现有金融监管，也可以绕开 SWIFT 系统进行汇兑。由于中国企业和个人很少了解稳定币，所以尽管中国现有的金融监管还没有针对性防范措施，宏观而言暂时没有产生风险。但随着时间的推移，稳定币的使用可能越来越多，应该研究有关的监管与反监管问题。

无论如何，加密数字货币的发展前景非常复杂，具有各种可能性。必须要非常审慎认真地知晓、寻找和规避其中的巨大风险。在非主权加密数字货币的所有风险中，真正毁灭性的风险并非来自主权国家的打压，而是来自密码破译技术的突破。如果计算机系统花数日或数月时间就可以试遍由 26 个英文字母、10 个阿拉伯数字以及其他符号构成的所有密码组合，那加密数字货币就完全失效。在这方面，量子计算机技术展现出可能性。

第十二节　加快把上海建成国际金融中心

以上内容试图从金融的内在逻辑上系统分析金融的改革开放。在实际操作中，围绕几个综合性现实课题来展开金融改革的“顶层设计”措施是推进金融改革开放的有效方法。上海国际金融中心建设和发展跨境财务结算中心这两大综合性现实课题是非常好的选题，此两大改革课题如果能取得突破性成效，则中国金融改革的路径将非常清晰。

早在 1992 年，党的十四大就明确提出，尽快把上海建成国际经济中心、金融中心、贸易中心之一。2009 年，国务院文件进一步明确了上海国际金融中心建设的国家战略定位。历史上，上海曾经是远东金融中心。新中国成立后，由于实行计划经济，上海金融中心的功能被东京、香港和新加坡所取代。如今，在庆祝中国共产党建党 100 周年、中国全面建成小康社会并开启社会主义现代化新征程之际，上海国际金融中心建设的意义更加凸显。可以肯定，上海胜利建成国际金融中心，将是中国未来实现现代化的标志性成果。

上海建成国际金融中心不仅意义重大而且完全有可能。事实上，在很多政策没有放开的情况下，上海已经在金融的快捷便利化以及精细化等很多方面取得长足进步，甚至超越香港等世界金融中心。

根据本章前面的分析，上海成为国际金融中心需要被松绑的政策包括：自由贸易账户体系的升级完善，允许自由贸易账户与境内同名账户的资金自由地按需跨境流动，自由贸易账户在本外币一体化基础上进一步实现多种外币的一体化，自由贸易账户内人民币资金与外币资金可以自由兑换，企业境外融资按现有宏观审慎管理模式进行，并取消事先审批制落实备案制，制订上海自贸区金融市场准入负面清单、大幅减少准入限制，鼓励金融产品创新和科技金融，允许高风险型投资者进行加密数字货币的投资交易，但现阶段不允许进行实际支付交易。

实行以上措施会造成一些金融风险。为此，整个面上必须有配套措施，例如，要建立市场化的汇率形成机制，人民币可以一次性升值或贬值到位，不能人为延缓升值或贬值进程。

在认真审慎地整体考虑下，为上海成为国际金融中心所进行的政策松绑不会产生大的问题。例如，为避免出现索罗斯阻击英镑和港币这样的特殊风险，可以在规则上明确政府干预权力和手段。对于投机性阻击行为，可以采取冻结账户等办法予以打击。

目前，国家定位的建设国际金融中心的城市只有上海一家。这是无论如何应该坚持的，因为这样才产生合力、减少风险。上海由于符合传统和历史沿袭以及新中国成立以来对全国的巨大贡献而众望所归、令人信服、无可争议。但在上海以外，还可以选择若干个区域中心城市以及经济和制造业大市，赋予“区域性金融中心”或“功能性金融中心”的定位，给予一定的金融改革政策支持。

第十三节　发展跨境财务结算中心

总部经济按照职能划分，可分为营销和采购总部、研发总部、行政总部、投资总部、生产总部、财务总部、物流配送总部、培训总部等。按照区域划分，可分为全球总部、亚太总部、中华区总部、中国总部、华东区总部等。2010 年以来，全国各大城市都积极发展总部经济。以截至 2019 年 6 月的数据为例，苏州共有地区总部特征和共享功能的外资企业 300 多家，其中，投资性公司 48 家、地区管理总部 88 家、独立法人研发企业 100 多家、采购中心 16 家、财务管理中心 14 家、结算中心 10 家、销售中心 23 家、分拨中心 12 家。虽然北京和上海的外商投资总部企业数量比苏州多 2 倍多，但三个城市的总部经济形态是差不多的，基本都以研发中心、投资性总部和区域性行政管理总部为主，很少有跨境财务结算中心和跨境采购销售中心，有的话也仅限于国内业务。推及全国，这一结论也基本成立。究其原因，主要在于我国的金融外汇管制限制了跨境财务中心的发展。

以上关于跨国公司总部形态的分析不仅适用于外商投资的跨国公司，而且也适用于中国本土的民营跨国企业。中国本土的民营跨国企业只能把跨境财务结算总部设立在新加坡等没有外汇管制的地方。

跨国公司跨境财务结算中心是总部经济中最重要、最特殊，也是最有价值的形态，是跨国公司的利润聚集地和核心利益所在。在我国的外汇管理以及世界各国的税收管理上，由于要求资金流必须与物流匹配，没有跨境财务结算中心也就意味着没有跨境营销采购总部和物流配送总部。所以，发展跨境财务结算中心对促进服务业发展、高端就业和财税收入增长具有重要作用。

中国有大量的本土民营跨国公司，也有大量的境外跨国公司投资的生产制造子公司，如通过金融改革和财税激励，使得跨国公司财务结算中心能在内地生存、发展和集聚是衡量我国金融改革成效的“试金石”，也是探索金融改革具体实施路径和措施的试验课题。

推进金融改革完全可以依据跨国公司跨境财务结算中心在内地生存、发展和集聚的需求，进行针对性的改革措施设计和应用。例如，为了满足其境外资金运作需求，可以允许其开列本外币一体化和多外币币种的资金账户；为了满足其资金跨境流动需求，可以允许其境内外同名账户资金在一定额度下自由流动；为了降低其融资成本，可以允许其不超过宏观审慎管理额度的境外融资资金进入账户；允许境外账户自由进行境外金融投资；允许对该跨国公司子公司进行资金归集和轧差结算；允许跨国公司财务结算中心进入银行间交易市场和外汇交易市场等。

在以上的需求满足中，中国内地实际上可以提供东京、中国香港、新加坡以及纽约、伦敦等国际金融中心都无法做到的三项独家政策：一是允许开列本外币一体化和多外币币种的资金账户，将给予企业选择用在岸或离岸汇率结售汇的优惠，我国的跨国公司跨境财务结算中心因此每年可能创造千万元级别的财务利润；二是允许对跨国公司子公司进行资金归集和轧差结算，每年也可能创造千万元级别的财务利润；三是允许跨国公司财务结算中心进入银行间交易市场和外汇交易市场，每年亦可能创造千万元级别的财务利润。

至于中国与东京、新加坡、纽约、伦敦、爱尔兰等地的所得税差异对跨国公司跨境财务结算中心的影响，确实，我国东部地区 25% 的企业所得税政策无法与新加坡等地 15% 的所得税政策竞争，但如果能争取省级财政支持，最终可以在实际上实现企业的 15% 所得税，与新加坡等地基本持平。而我国西部、海南省以及深圳前海、珠海横琴、福建平潭和上海临港，不需要省级财政支持就可以实现 15% 所得税。除此以外，从本书第六章第四节所述的惠普公司跨境财务结算中心落户重庆的案例可以看到：即使从所得税的视角，中国仍然具有吸引力和竞争力，因为美国等大多数国家与中国签署有税收抵免协议，而新加坡等地则可能没有。

在我国的外汇管理以及世界各国的税收管理上，由于要求资金流必须与物流匹配，没有跨境财务结算中心也就意味着没有跨境营销采购总部和物流配送总部。如果成功实现了跨国公司跨境财务结算中心在我国的生存、发展和集聚，那么我们就能够实现跨国公司跨境营销采购总部和物流配送总部的集聚。无论如何，对于跨国公司跨境营销采购总部而言，除对于跨境结算有要求外，还必须要能做离岸贸易。

供讨论的问题

1. 请综合金融外汇管制的好处和坏处，分析是否应该长期坚持金融管制，以及如果尽可能取消管制，应该有何配套措施。

2. 如果在局部大幅取消金融外汇管制，实施所谓“境内关外”金融政策，是否一定要在自贸区等特殊经济区？是否能够不针对地域而仅针对特殊类别的企业实施大幅取消金融外汇管制的政策？

3. 假设你是开发区分管金融的领导，因为某些原因现在你的开发区有机会向国家争取金融先行先试政策。那么在国家不可能批给你自由贸易账户的情况下，你如何设计利用现有的银行特殊账户，提出新的银行特殊账户诉求？

4. 请归纳允许投资但不允许支付非主权加密数字货币的好处和坏处。

5. 服务贸易跨境资金收付是否被允许？服务贸易跨境资金收付目前存在哪些问题？请设计服务贸易海关报关办法，并说明其意义。

6. 中国企业资金的跨境流动有哪些渠道？

7. 贷款市场报价利率 LPR 是如何形成的？LPR 虽然是贷款报价利率，但实际是各银行的贷款执行利率（以此利率为基准上下浮动），你是否相信在没有借款企业和个人参与报价的情况下，LPR 不会偏高、偏向银行利益？如果你不相信，那么 LPR 形成方式该如何改革？这种改革是否确有利于降低融资贵的难题？

8. 企业境外外汇借款的主要风险是什么？

9. 在我国实体企业中一直存在拖欠货款以及购买被骗问题。请参照国际贸易中银行信用证以及国内电商交易中淘宝第三方（或平台方）保证金账户支付方式，帮助银行设计一款关于国内贸易支付的金融服务新产品，该产品的核心内容为第三方保证金账户支付方式或银行保证金账户支付方式。

10. 蚂蚁金服能够进行无抵押或无信用记录贷款是因为能知晓、解读和运用沉淀在阿里巴巴电商平台上的大数据。如何既能大力推进此项科技金融成果又能破除蚂蚁金服的垄断经营？

11. 非主权加密数字货币对美元将产生什么影响？比特币之类的加密数字货币对美国和美元会带来任何利益吗？

12. 香港、新加坡的所得税税率低，因此跨境财务结算建在香港、新加坡肯定比建在大陆划算。这个观点对吗？

第六章

城市开放型经济发展模式

本章讨论中国城市的经济发展模式，分析深圳、苏州、重庆和合肥这四个具有代表性的城市开放型经济发展模式，总结城市开放型经济发展模式的充分必要条件，讨论开放型经济发展模式面临的挑战。

第一节　城市经济发展模式概论

在中国，市、县政府的发展欲望最强烈、推动经济发展的动力最充沛。这是被改革开放40多年的实践所充分证明的。之所以如此，是因为市、县最容易被拿出来相互比较，从而产生最大的竞争压力，又因为市、县大小适宜，最能够发挥主观能动性，最容易干出足以显示彼此差距的成果。乡镇虽然可以很具体，但毕竟格局小，缺乏宏观视角。所以，市、县才是中国发展经济最积极和最有效的因素。由于城市即对应市和县，所以有必要专章研究城市开放型经济发展模式。

改革开放以来，中国城市发展精彩纷呈，既如雨后春笋、蓬勃兴旺，又如百花齐放、争奇斗艳。各城市根据本地实际创造性地推动经济建设，产生了很多成功的发展模式。代表性的发展模式主要有：深圳模式、上海模式、北京模式、苏州模式、温州模式、重庆模式、合肥模式、杭州模式、鄂尔多斯模式等。在这些代表性发展模式中，本书选取最具有参考借鉴作用的深圳、苏州、重庆和合肥做深入具体的分析。

第二节　深圳开放型经济发展模式

深圳市成立于1979年，1980年成为中国设立的第一个经济特区。从1979年的小渔村发展成中国大陆位列上海和北京之后的经济总量第三大城市，深圳创造了举世瞩目的“深圳速度”，成为改革开放40多年来中国发展最快的城市。

深圳开放型经济发展模式的特征是先行先试，带头改革开放，坚持改革开放，弘扬改革开放创新。深圳对中国的主要贡献也正是带头改革开放，坚持改革开放，弘扬改革开放创新。具体表现在以下六个方面。

一、率先大胆地“闯禁区”

在《资本论》中，马克思认为“雇工到了8个人就不是普通的个体经济，而是资本主义经济，是剥削”。1980年前后，雇工是否达到8个人是判断一个民营企业是否具有剥削性质的标准。深圳带头突破教条主义，允许民营企业雇工超过8人。这为全国民营企业承担了风险、提供了榜样。

二、坚定不移坚持改革开放

深圳旗帜鲜明地支持改革开放。1992年1月18日至2月21日，邓小平先后到武昌、深圳、珠海、上海等地视察，并发表了一系列重要讲话，统称南方谈话。但只有深圳敢于把讲话完整记录并大胆发表。1992年3月26日，《深圳特区报》率先发表了“东方风来满眼春——邓小平同志在深圳纪实”的重大社论报道，并集中阐述了邓小平南方谈话的要点内容，从而让改革开放的春风重新吹拂中国大地。

三、找准经济痛点问题，先行先试

20世纪80年代，中国的出口创汇受制于人民币官方汇率的严重高估。为此，1988年5月，国家外汇管理局批准设立深圳市外汇调剂中心，突破了计划经济体制下，禁止外汇市场交易的禁区。此后，国家制定了鼓励企业出口创汇的出口企业外汇留成政策。深圳向国家要到了深圳出口企业的出口收汇百分之百留成的政策，比全国的留成比例多出80个点。这既造成了出口企业在深圳的集聚，也为全国的汇率改革测试了风险。

四、冲破既有利益集团的封闭围城，率先开放

深圳建成经济特区以后，在金融、外贸、电信等数百个领域率先对外商开放投资准入或率先获得国内企业的市场准入许可。例如，深圳的平安保险、招商银行、南方基金等大型金融机构密集，这是深圳当时冲破阻力，获得市场准入牌照的成果。

五、系统性地设计和实施专项改革

1987年12月1日，深圳举行了中国首次土地使用权公开拍卖。

六、率先系统化地真正实施创新驱动发展战略

尽管早在1978年就召开了全国科学大会，并且1995年就提出“科教兴国”战略，但地方政府真正系统化地推进实施创新驱动发展战略还是从深圳开始的。

尽管深圳对全国的改革开放贡献至伟，但深圳的发展模式是难以在全国复制的。因为深圳对于全国的意义是带头改革开放、冲破禁区，因此其必须

具有先行先试的政策。而国内的其他城市是很难有机会得到这么多先行先试政策的。所以，虽然深圳先行先试的一个个政策可以在全国复制，但深圳的这种发展模式不可复制。

第三节　苏州开放型经济发展模式

苏州是全球首个“世界遗产典范城市”，有 2500 年的城市建成史和“人间天堂”的美誉。改革开放以来，苏州大力发展开放型经济，实现了经济的跳跃式发展。2020 年末，苏州经济总量列全国各城市第 6 位，地方财政一般预算收入列全国第 5 位，进出口总额列全国第 4 位，出口总额列全国第 3 位，工业总产值列全国第 2 位，国家级开发区和海关特殊监管区数量列全国第 1 位。苏州在 1996 年至 2010 年是全国发展最快的城市。

笔者给苏州开放型经济发展模式所下的定义是：在政府主导下，集约资源，建设开发区和投资环境，以张家港精神、昆山之路和园区经验为“三大法宝”，通过开放和创新，实现跳跃式发展。

苏州模式的本质是开放，灵魂是创新，动力是政府和渴望致富的人民，理念是集约发展，核心是开发区建设，关键是招商引资，效果是跳跃式发展。

一、苏州模式的特点

第一，区别于深圳经济特区的发展模式，苏州模式的核心点不在于争取先行先试的特殊政策，而在于开发区载体建设。

第二，苏州开放时间较晚，充分利用了后发优势。苏州对外开放比深圳等经济特区晚 5 年，比沿海开放城市晚 1 年，在发展开放型经济过程中，充分借鉴了经济特区和沿海开放城市的经验与教训，快速实现赶超。例如，沿海开放城市的开发区与主城区距离都在 20 千米以上，不利于长远发展和开发区的城市化建设，而苏州的开发区建在离主城区 2 ~ 5 千米的地方，保证了高质量发展。

第三，政府推动，大胆创新。

建设开发区和投资环境，通过招商引资来实现经济的跳跃式发展是中国很多城市的发展模式。这种发展模式与笔者定义的苏州开放型经济发展模式基本相同。之所以将其定义为苏州开放型经济发展模式，不仅因为苏州的国家级开发区和海关特殊监管区数量居全国第一位，而且因为苏州有最多的开发区建设创新成果。这些创新成果包括以下 12 项。

（1）苏州创建了第一家自费筹建的开发区。1984 年国家选定 14 个沿海开放城市时，也同时决定在这些城市创办开发区。国家直接给予每个开发区资金支持。1985 年创办的昆山开发区是地方政府第一个自费创建的。

（2）苏州建设了第一家由两国政府间合作开发的开发区。中国、新加坡政府合作开发的苏州工业园区是第一家由两国政府间合作开发的。在中国建一个开发区是 20 世纪 90 年代初新加坡政府的设想，苏州能够争取到该项目殊为不易。

（3）苏州建成了第一家内河型保税区。在 20 世纪 90 年代初，国家准备批准建立数个保税区。当时苏州和张家港政府积极行动，立即在长江边围了数平方千米的地进行了拆迁和土地平整。经过两地领导的努力，海关总署最终同意了建设张家港保税区。

（4）苏州设计和申请创建了第一家出口加工区。2000 年左右，昆山开发区首先设计并申请建立出口加工区。

（5）苏州设计和申请创建了第一家 B 型保税物流园区。

（6）苏州设计和申请创建了第一家综合保税区。现在遍布全国的 150 多家综保区基本都是采用苏州工业园区综保区的样式，例如采取“入区退税”

等比保税区具有更高程度“境内关外”性质的贸易监管体制。

（7）苏州开发建设了第一家产城融合的开发区。

（8）苏州设计和申请创建了第一家综合保税区贸易功能区。这是苏州工业园区综合保税区推行内外贸一体化改革的第一步措施。目前，全国仅有苏州和重庆的两家综保区有贸易功能区。

（9）苏州设计和申请创建了第一家实施增值税一般纳税人资格试点的综合保税区。综合保税区一般纳税人待遇试点是苏州推行内外贸一体化改革的重要措施，它给予综保区内企业开具增值税发票的可能性。目前，该政策已经在全国综保区推广实行。

（10）苏州创建了第一家空陆联程虚拟空港。2002 年 10 月经海关总署批复同意，苏州工业园区物流中心被视为一个虚拟的空港，使用 IATA 规定的苏州城市代码 SZV 为标识，可以实施空陆联程中转模式。

（11）苏州是唯一获国务院批复同意开展开放创新综合试验。2015 年 10 月开始，苏州工业园区开展开放创新综合试验，在开放合作、产业优化升级、国际化创新驱动、行政体制改革、城市综合治理等方面取得了丰硕成果。

（12）苏州创建了第一家国家商务旅游示范区。苏州工业园区金鸡湖景区以商务旅游为特色，成为中国第一个不依托历史传承的现代化 5A 级景区。

除以上成果外，苏州的开发区创新成果还包括：第一家检验监管综合改革试验区、第一家国家级相对集中行政许可权改革试点区、第一家服务贸易创新示范基地、第一家纳米高新技术产业化基地、第一家以邻里中心为特点的社区商务、第一家高等教育国家化示范区、第一家服务外包示范基地和鼓励技术先进型服务企业优惠政策试点区。

二、苏州开放型经济发展模式具有特殊优越性

1. 苏州模式的可复制性最好

苏州模式不但完全可复制，而且已经在全国广泛复制。从原理上讲，苏

州模式建设开发区和投资环境的做法各地都可以做。从实践看，自21世纪以来，全国各地来苏州考察的市县级以上代表团已经远超10万个，苏州模式已经为各地所广泛了解和借鉴，起到了很好的样板作用。

2. 苏州模式的操作性最易

只要地方政府想做，就立刻可做。不需等先行先试的政策，不需慢慢等民间的“孕育”和积累，不需要祈祷“地底下发现宝藏”，也不需要等某几个特别厉害的企业家来创业带动。

3. 苏州模式的辐射带动性最强

一是能带动本地民营企业大发展。吸引外商投资多了，本地的配套服务企业就会被带动起来。早在2005年，苏州民营企业的注册资本就已经超过以民营企业多而著称的温州市和宁波市的总和。二是产业辐射力强。表现为主动辐射和被动辐射两个方面。在主动辐射方面，苏州在异地合作建设了15个开发区，还援助了10个开发区，苏州异地合作援建的开发区数量是全国最多。苏州开发建设的宿迁开发区名列江苏省异地共建开发区第1名，从苏州转移出去的可成科技等企业为当地带来大量就业和税收。苏州挂钩帮扶的宿迁市经济快速增长，2020年GDP与连云港市仅差15亿元，而连云港市之所以还未被宿迁市超过，很大程度上是因为苏州民营企业盛虹集团在连云港港口投资了大型石化项目。在被动辐射方面，2018年前，苏州被动转移的产能的年进出口量达600亿美元，主要转向中西部和苏北；2018年后，苏州被动转移的产能的年进出口量达1000亿美元，其中400多亿美元转向境外。

4. 苏州模式见效最快

一家企业从小到大需要很多时间，培育一个产业更需要时间积累。但引进企业见效很快，可以立竿见影。而引进产业只需要先引进龙头企业，配套企业往往会跟进。所以，开放型经济见效快，能够产生跳跃式发展的效果。

5. 苏州模式更有利于实现共同富裕

苏州模式是由政府驱动的，政府也收益最多。苏州的财政收入5倍于温州就是证明。因为来落户的企业多了，税收增多，政府财政收入就多。财政收入多了，其他工作就容易开展，社会保障、精神文明建设、城市基础设施建设以及治安、教育、金融等都会被带动起来。此外，苏州有各式各样的企业，大量投资者来自欧美、日本、韩国等，这些企业的劳动者工资平均值高于单纯的民营中小企业。与温州模式相比，尽管温州模式创造了大量富裕的小老板，但在温州不做老板收入就很低，这样贫富差距就必然更大。

6. 苏州模式最可靠

苏州模式打造了强政府，培养和锻炼了大批干部，因此对局面的控制能力强。此外，苏州模式注重投资软硬环境建设，有利于企业长久落户。

在 20 世纪 90 年代中后期，学者专家比较苏州模式和温州模式时，多认为温州模式更好。理由主要有两点：一是温州私营企业相对于苏州的乡镇集体企业而言，有更好的所有权机制保障；二是温州都是本地企业，苏州多是外商投资企业，温州企业更能稳定地扎根于本地。20 多年实践下来，温州模式优越的第一条理由已经不存在，因为苏州的国有集体企业 99.9% 以上已经在 2003 年左右实现了私有化改造。温州模式优越的第二条理由恰恰产生了相反的实际情况：很多温州土生土长的本地私营企业外迁，而苏州的外商投资企业极少有外迁的情况。这说明，企业扎根主要取决于发展环境。

第四节　重庆开放型经济发展模式

重庆是国家中心城市、超大城市，长江上游地区的经济中心、金融中心、科技创新、航运和商贸物流中心，西部大开发重要的战略支点。1997 年，重庆主要因三峡工程的相关考虑而被升格为直辖市。2009 年至 2019 年，重庆是中国发展最快的城市。

重庆的开放型经济发展模式本质上与苏州以及全国各地差不多，都是建设开发区和投资环境，通过招商引资实现经济的快速发展。但作为一个地处偏僻的大西南、没有港口、进出口运输成本更大的城市，实施开放型经济发展模式并不容易。重庆的崛起也是在国家提出西部大开发战略十年以后才开始实现的。从宏观上看，2007 年出台的《中华人民共和国企业所得税法》终结了东部地区外商投资企业“两免三减半”（指企业盈利的头两年免所得税、后三年减半征收所得税政策）的优惠，同时给予西部企业 15% 的优惠税率及税收减免优惠，这激发了外商向西部投资的热情。同时，东部上海、深圳、苏州等城市都遭遇土地资源短缺、劳动力成本上升等问题，当地的一些企业原本想搬迁到东部的苏北、粤北等相对落后地区，但西部在政策上的优惠使得这些企业也愿意到西部投资。在这种宏观大背景下，重庆抓住机遇，创造性地大力改善投资环境，实现了开放型经济的跳跃式发展，为西部各大城市发展开放型经济树立了成功的榜样。

关于重庆创造性地大力改善投资环境，这里介绍渝新欧国际五定班列和吸引笔记本电脑产业落户这两个关键性的措施。

2009 年开始，重庆利用国际产业转移的机遇，引进惠普、华硕、宏碁等主机厂商，富士康、仁宝等代工厂及下游的约 300 家配套厂商，到 2011 年已形成年产 2500 万台笔记本电脑的生产能力。这些产能绝大部分销往欧洲，身处西部内陆的重庆如何搭建高效的物流平台运输这些产品，既是入驻企业从市场角度首先面临的问题，也是重庆市未来招商中所面临的重大问题。

美国惠普公司最先做了创新的尝试，提出利用欧亚铁路运输笔记本电脑至欧洲。为此惠普公司尝试过利用南线、北线欧亚大陆桥运输笔记本电脑产品，但因无法解决跨国铁路运输面临的大量复杂问题，惠普公司的尝试以失败告终。2010 年 8 月，重庆市结合惠普公司前期实践成果，正式向海关总署、铁道部提出开通重庆至欧洲铁路大通道五定班列的请求，“渝新欧”铁路大通道正式提出并获得国家相关部门支持。2011 年 3 月，“渝新欧”首列满载惠普公司笔记本电脑产品的国际货物列车，由重庆西站出发，经四川、陕西、兰州，由新疆阿拉山口出境，经哈萨克斯坦、白俄罗斯、波兰、德国等6个国家，耗时16天，行驶11179千米抵达德国杜伊斯堡，中欧班列就此诞生。铁路运输时间成本比水运节约30天，成本仅为空运的1/5。“渝新欧”国际五定班列做到了沿途通关监管互认，信息共享，运输全程只需一次申报、一次查验、一次放行。截至2016年6月，据国家海关统计，重庆市开出的“渝新欧”班列班次数量占全国中欧班列数量的45%左右，其货值占所有从新疆阿拉山口出境的中欧班列货值总量的85%。2017年3月23日，中欧（重庆）班列开行6年后突破1000列，成为中国首个突破千列的中欧班列。

“渝新欧”国际联运大通道打破了中国传统以东部沿海城市为重点的对外贸易格局，加快实现了亚欧铁路一体化建设，搭建起了与沿途国家的经济联系和文化交往桥梁。对于重庆而言，“渝新欧”彻底改变了重庆内向型经济结构，对于重庆发展世界性产业集群、成为内陆地区的开放高地功不可没。

必须指出：“渝新欧”国际铁路联运大通道，是直接利用了南线欧亚大陆桥这条国际铁路通道。而南线欧亚大陆桥是20世纪90年代由江苏连云港创建的。20多年来，中亚各国一直利用南线欧亚大陆桥连接日本等太平洋海上运输。南线欧亚大陆桥也曾开创了到欧洲的铁路运输，例如一直存在从连云港至莫斯科的铁路运输线路。尽管如此，美国惠普公司最先尝试从连云港运输笔记本电脑到欧洲是失败的，是重庆把这条线路真正做起来了。一是因为重庆的干部能力强；二是因为重庆作为正省级直辖市比连云港权限大、与中央各部委沟通方便、办事容易；三是因为重庆有充分的财力办大事，单中央拨付的三峡移民安置费用就有千亿元规模；四是因为重庆已经首先建立了笔记本电脑产业，自己有充分的运往欧洲的货源。而连云港产业薄弱，笔记本电脑产业远在500千米外的苏州市。所以尽管连云港首创了至新疆阿拉山口的国内五定班列，但并没有足够的动力来开创中欧国际五定班列。

以上关于“渝新欧”国际五定班列的介绍，提到项目起意的源头是美国惠普公司。事实上，重庆能够吸引笔记本电脑产业落户，继而建立起如今庞大规模的电子信息产业链，也正是起源于美国惠普公司。

2008 年国际金融危机后，美国收紧对跨国公司的税收征管，要求美国跨国公司要为境外所得缴税。当时惠普公司的跨境财务结算是在新加坡，惠普公司在新加坡获得了大量利润，并向新加坡政府缴纳相关所得税，新加坡政府也向惠普公司返还部分所得税。由于美国收紧税收政策，惠普公司为了避税，找到上海市政府，提出把利润做在上海，然后由上海返还部分所得税。之所以这样提议，一是中国和美国签署了税收抵免协议，在中国缴的税可以在美国的税收中扣除。而由于新加坡等自由港有利于跨国公司避税，所以美国一直拒绝与新加坡等自由贸易港签署税收抵免协议；二是上海市返还的税美国并不知晓。上海当然欢迎惠普来设立这个跨境财务结算中心。但该项目在国家外汇管理局上海分局遇到了障碍——上海外汇管理局不能允许英特尔公司给惠普的大笔佣金进入境内。在该项目进入“死胡同”的时候，时任重庆市市长对惠普公司说，你们来重庆，我们给你们想办法解决外汇进入问题。为此重庆市的官员找到国家外汇管理总局，国家外汇管理总局在 2010 年为惠普公司的这个财务结算项目专门设计了国际外汇资金主账户和国内外汇资金主账户，允许惠普公司的外汇资金可以在一定额度下跨境流动。因此，惠普公司的跨境财务结算中心成功落户重庆，并成功解决了所得税问题。随后，重庆市政府继续请求惠普公司介绍其笔记本电脑代工企业去重庆投资，并承诺给予投资企业财税支持。为此，原投资苏州昆山的仁宝、纬创等笔记本电脑代工企业纷纷投资重庆。

笔者从 2001 年在苏州外经贸委工作以来，苏州市进出口增幅一直比全国平均水平高几十个点，但 2011 年开始出现苏州出口增幅落后于全国平均增幅的现象，2011—2014 年，以及 2016 年，苏州市进出口增幅分别低于全国增幅 12.7 个、4.6 个、6.3 个、2.8 个和 3.5 个百分点。在 2012 年初，笔者在苏州市委研究室内部刊物上发表了调研报告《苏州出口增幅低于全国平均的主要原因分析及对策建议》，指出苏州存在笔记本电脑出口份额向重庆大规模被动转移的情况。之后，大家普遍用产能转移来描述这种情况：即投资者并不关闭我们本地的工厂，但是在其他城市新设工厂，新设工厂与我们的工厂客观上形成跨国公司集团内部对于订单的竞争关系。尽管大家都承认了产能转移，但当时很多干部认为，笔记本电脑产业链都在苏州，重庆虽然招到了最终组装厂，但产业链不可能过去。但事实上，重庆用 5 年时间就建成了基本完整的电子信息产业链。

2018 年中美爆发贸易摩擦后，苏州再次出现产能被动转移现象。只不过这次转移方向不是我国的中西部而是境外的东南亚、印度等。很多人认为现在转移的多是终端企业，产业链不会出去。但笔者根据十年前的经验判断，境外产业链将在 5 年内建设完成；同时，苏州有能力在 5 ～ 8 年内填补因产能被动转移而形成的出口、工业增加值和 GDP 凹陷。

特别值得一提的是，中国人民银行营业管理部和国家外汇管理局北京外汇管理部，为了使得跨国公司能够在北京、上海设立跨境财务结算中心，推动出台了跨国公司总部外汇资金集中运营管理政策。该政策实质是惠普公司重庆跨境财务结算中心政策的推广。

回到重庆，尽管近十年来可能在全国大中城市中发展最快，但直至 2020 年，重庆上缴中央税收 1155.6 亿元，获得中央转移支付 2184.32 亿元，仍然获得高达 1028.72 亿元的中央财政净收入。在中国 GDP 排名前 6 的城市中，重庆是唯一对中央财政“负贡献”的城市。这使得重庆模式的可复制性降低。

第五节　合肥开放型经济发展模式

合肥是安徽省的省会城市，却和苏州一样是地级市；和大多数省会城市不一样，不是副省级城市。即使在安徽省内，合肥的省会地位也是处于持续争论中，因为论历史文化内涵，合肥不如成就安徽省名的安庆、古徽州；论航运交通，合肥不及长江沿线的安庆、芜湖以及淮河沿线的蚌埠。20 年前，合肥是中国“最大的县城”，20 年后，它跻身万亿俱乐部城市。很有可能，合肥是我国大中城市中最近五年发展最快的。2020 年，合肥市进入 GDP 万亿城市，入围新一线城市榜单，并以“最牛风投城市”成为最大黑马、网红城市。

笔者给合肥开放型经济发展模式的定义是：政府在建设开发区和投资环境的同时，敢于担当作为，集合当地财政资金对带动性强的龙头型重大项目进行直接的风险投资，通过投资项目的成功，实现经济的跳跃式发展和财政资金的投资增值。

合肥模式的本质是开放，基础是开发区建设，动力是政府，灵魂是担当作为，关键是招商引资，核心是风险投资，效果是跳跃式发展。

对照合肥模式与苏州模式的区别，合肥模式多了担当作为和风险投资。实际上，本章第三节定义的苏州模式是苏州 2005 年前的发展模式。2005 年以后的苏州模式也已经有了政府担当作为和风险投资的新内容，因为苏州财政资金大量投资了科技型中小项目。对此将在本章第七节详述。如果说，苏州模式被迫引入担当作为和风险投资的新内容是因为土地资源短缺，合肥则是因为地理位置偏西、离上海和港口太远。合肥政府如果不做积极主动的精准投资，优质项目就难以落户。

合肥风险投资的第一个，也是最关键的案例是接受中国科学技术大学（以下简称中科大）的落户。1970 年，国家决定将中科大从北京疏散出去。按合肥现在的说法，中科大来安徽之前，曾经被三个省连续拒绝过，合肥当时就敢做“接盘侠”。中科大曾有意尝试上海、广州、南京、青岛、杭州等城市，但这些大都是东部前线城市，国家那时也在让他们向西部大三线转移大学和工厂，这时安徽合肥、湖北武汉实际上也是不错的选择。事实上，中科大对合肥的崛起至关重要，因为它为合肥培养了大批人才，是如今合肥能被国家定位为综合性国家科学中心的关键，也是保证政府参与的风险投资项目基本都能够获得成功的最关键因素。

看合肥的著名投资案例，京东方和蔚来都是在生死存亡之际被合肥扶持起来的。蔚来创始人、董事长兼 CEO 李斌在电视对话节目中说，与合肥合作前，蔚来跟 18 个地方政府谈过，合肥是第 19 个。在 18 ： 1 这样大的否定比例面前，合肥敢于拍板投资，硬生生地把别人眼中的“烫手山芋”变成“金蛋”，其眼光、魄力和能力令人赞叹。

确实，拍板这么大的投资，当地市委书记和市长承担了巨大责任。合肥政府的风险投资是建立在科学严密的决策流程之上。合肥从市领导至普通招商人员，有一大批人在研究产业，研究行业发展报告、上市企业招股说明书、行业协会网站等在内的各种产业信息。合肥政府的投融资平台公司——合肥市建设投资控股（集团）有限公司董事长李宏卓总结说：第一，我们组织了专业的团队，也委托了国内一些顶尖专家进行论证，对蔚来的技术、供应链和市场等进行了全方位的研判；第二，我们高度关注国家的政策导向，对智能电动汽车的发展，包括他们采用的这种换电模式的支持，给决策者提供一些支撑；第三，委托了专业的机构，通过法务和财务对企业进行全面的尽职调查；第四，我们跟他们进行详细、周密、严谨的商务谈判，把资本退出路径研究清楚，把一些细节考虑清楚。

尽管有以上的科学决策程序，但合肥依然是在“豪赌”，因为风险投资不可能排除风险。合肥能够承担这样的投资风险，还因为被投资项目实际都与合肥的资源禀赋相匹配，符合合肥的产业发展规划。比如，引入京东方不只是因为京东方，更因为合肥是全国三大家电产业基地之一，京东方的显示屏和家电彼此需要、相互成就，产业链更稳固，人才更集聚，规模优势更突出；引入蔚来也不是做慈善，而是合肥本身就有传统汽车产业基地，新能源汽车是大势所趋，抢占先机才不会成为被淘汰的传统落后产能。

第六节　开放型经济发展模式的充分必要条件

以上我们分析了4个典型城市的开放型经济发展模式。如果我们进一步研究这些城市发展开放型经济的条件；就会发现如下4个条件是必需的，如果有一个不具备，则不宜发展开放型经济；如果全都能具备，就肯定能发展开放型经济。因此，这4个条件构成开放型经济发展模式的充分必要条件。

条件一：存在大量的国际或国内资本转移；

条件二：城市拥有较充分的可建设用地资源；

条件三：地方政府具有较强的融资能力；

条件四：该地方具有良好的政治和社会生态环境。

条件一很容易理解，因为如果没有大量的国际或国内资本转移，则花巨资建设的开发区就没人来投资。根据本书第一章的论述，由于经济全球化，中国各城市都满足条件一。全世界除朝鲜、古巴等少数几个国家因美国封锁和制裁而不能满足外，其余国家和地区均满足。

条件二也容易理解。因为没有可建设用地，则无法落地工厂等建设类项目。中国因为实行市管县体制，所以一般认为城市应该拥有充分的土地。但中国对土地使用有严格的规定，对于农用地，特别是基本农用耕地的“红线”保护非常严格，所以并非所有土地都可以用作建设。苏州在2004年前基本没有意识到土地短缺问题的严峻性，但2005年发现，苏州土地短缺问题是如此严重，以致苏州原来的开放型经济发展模式已经难以为继，必须转型升级。

条件三是高标准建设开发区的金融基础。苏州工业园区能够快速开发建设离不开国开行的贷款支持。从20世纪90年代后期开始，苏州工业园区就通过管委会担保、土地抵押等形式从国家开发银行得到百亿元规模的贷款。所以如今在苏州园区，工农中建以及浦发、招商等银行都是得到一块地建了银行大楼，唯有国开行是得到一大块地建设了低密度非高层的园林式办公建筑，这可以理解为苏州工业园区回馈的感激。实际上，国开行也从给予苏州工业园区的巨额贷款赚了很多利息，为此国开行在全国推广苏州工业园区这种政府担保的贷款方式。其他银行看到国开行这么做也很眼红，也推广这样的贷款方式。尽管如此，很多城市尽管知道，并且也有政府担保贷款的做法，但并没有想到要充分利用此办法，更没有想到要做到百亿元以上的规模。

条件四是良好的政治和社会生态环境。首先是当地对开放的态度要积极正面。这个问题看似简单，但其实是开放型经济是否能成功的最深层次的因素。中国 1978 年决定改革开放之所以能够赢得绝大多数民众的支持，是因为大家都看到我国经济落后太多。随着中国一步步发展和富裕起来，反对开放的人有可能会逐渐变多。很多同志即使不反对开放，但也会要求收紧开放的程度。2007 年，财政部就有个别官员提出限制加工贸易发展，提出加工贸易今后只能允许在出口加工区等海关特殊监管区进行。当时的商务部坚持不能如此限制加工贸易，制止了限制政策的出台。后来 2008 年的国际金融危机更加证明了当时决策的正确性。所以，对开放的态度问题将是永恒存在的深层次问题。对开放不友好的态度更容易产生在经济形势大好之时，此时容易产生群体性膨胀心态。

政治和社会生态，除以上态度和认识问题外，还包括当地主要领导的重视程度和招商能力、各级领导的招商能力、当地治安状况、当地吸纳人才和工人的能力、当地金融生态、当地产业链的构造等。

第七节 开放型经济发展模式面临的挑战

开放型经济发展模式面临的挑战可以归纳为围绕 4 个必要条件而呈现的挑战和开放型经济自身向高层次发展所面临的挑战，我们分别叙述。

一、国际资本流动的变化带来新挑战

改革开放以来，国际资本向中国的流动基本与全球化造成的趋势相同。2001 年期间因中国加入世贸组织，国际资本向中国的流动骤然加速；2008 年因爆发国际金融危机又出现平缓。党的十八大以来，由于中国经济实力的持续上升以及“一带一路”倡议的实施，中国向美国、欧洲以及“一带一路”沿线国家和地区的资本输出不断加大。2018 年爆发中美贸易摩擦后，中美关系迅速降温，彼此成为竞争对手。此时，国际地缘政治叠加逆全球化因素正扭转国际资本流动的原有趋势。主要表现在三个方面。一是美国和西方盟国构建不含中国的产业链的努力，使得流向中国的投资的资本类型，缩减为产品和服务主要面向中国市场的项目以及金融投机项目。二是美国对中国更严苛的技术封锁使得来自境外的高新技术投资大幅减少。三是美国和其盟国强化对来自中国的投资并购项目的审查，使得中国企业境外高科技并购的势头受阻。过去，很多通过招商引资招不来的项目还可以通过境外并购买过来，现在这条路也受到很大限制。

二、土地资源短缺带来新挑战

上海、深圳和苏州应该是最先感受到土地资源短缺的问题。苏州在中国加入世界贸易组织后的 2002—2004 年由于吸引外资飞速增长，每年的建设用地的用地量都达到十几万亩。2004 年下半年苏州终于意识到照这样的用地速度，到 2010 年全苏州将无地可用。为此从 2005 年开始，苏州开放型经济进行了大规模的转型升级。

三、控制地方政府债务带来新挑战

2008 年国际金融危机爆发后，中国政府推出了 4 万亿元的经济刺激计划，为此国家鼓励地方政府通过担保等形式向银行借债。这样所有城市都通晓了这个做法，并大幅提高了借债规模。任何政策和做法都怕一拥而上。大家都去借债就酿成了地方债务危机。党的十八大后，国家整治地方债务危机卓有成效，现在国家是“放开大门、杜绝小门”，即核定各省、市、县的债务规模，在债务额度内可以自由发债。但一些城市由于存量债务远高于中央核定的额度，已经不能再开发建设新的开放载体。这些城市如果已经建成了几个开发区，仍然可以招商引资、发展开放型经济，但整个城市的发展模式不能简单地依赖于开放型经济发展模式。

四、政治生态和社会生态变化带来新挑战

随着国际形势越来越严峻，社会民众对开放以及对外商投资的态度也可能会转向消极。

五、开放型经济自身向高层次发展的挑战

早在 15 年前，像深圳、苏州这样的城市，已经通过开放型经济实现了经济的跃升，实现了小康。但如何让开放型经济更上一个层次，这不是仅仅靠不断的招商引资就能实现的，必须把科技创新这个最本源的发展动力调动起来。本书第四章第七节和第八节就论述了开放推动创新的问题。

综上所述，开放型经济发展模式面临五大挑战。为了迎接这些挑战，开放型经济的转型升级势在必行。

供讨论的问题

1. 如何理解城市对发展的渴望最强？对发展的渴望很重要吗？

2. 2021 年，笔者在海南讲课时，与大家一起分组讨论海南自贸港开放发展中如何防控风险。各组最终总结汇报时提出了如下风险：生态安全，“洋垃

圾”；泡沫经济风险，无实体经济；金融风险，洗钱、非法融资集资，逃税；公共卫生风险；网络数据安全；社会治安，网络信息管理；意识形态风险，宗教渗透；贸易风险，走私，等等。我在点评时指出：讨论中最大的问题是就风险而谈风险，应该要结合发展监视风险。例如：要考虑制造业在自贸港环境下可能反而无法发展的问题；考虑农业受冲击的问题；要考虑在做好网络信息管理的情况下，如何在海南实现与境外互联网的联通；要考虑在有效控制“洋垃圾”的措施到位的情况下，发展全球维修业务。如何在考虑所有的风险时考虑与之匹配的发展机遇？

3. 为什么说开放型经济的效果是跳跃性发展？

4. 深圳发展开放型经济为何无须致力于开发区建设？

5. 试用最精简的词汇分别概括深圳、苏州、重庆和合肥的开放型经济发展模式的主要特点。

6. 你认为苏州的干部愿意像合肥那样承担国资风险投资的风险吗？

7. 中欧班列的最初构想是来自政府还是企业？

8. 试述国际资本流动的最新变化。

第七章

开放型经济的转型升级

第一节　开发区的转型升级

开发区建设是我国城市开放型经济发展模式的核心内容。根据统计，截至 2021 年 4 月，我国国家级开发区和省级开发区已经发展到 2728 家。因此，开放型经济的转型升级首先是开发区的转型升级。

开发区转型升级的路径、方法有很多，光是国家最近 5 年来印发的相关正式文件就有 3 份以上。但笔者根据自己 30 多年来工作的实际感受以及分析研判，认定开发区转型升级最重要的是开发区产城融合建设。为了强调这个主题的重要性，本节不讨论其他的开发区转型升级主题。

在上一章介绍苏州开放型经济发展模式时，提到苏州建成了我国第一家产城融合的开发区。中国的开发区一般都是滚动开放。例如 1990 年开发建设的苏州新区，其集中开放面积由 5 平方千米逐步扩展到 25 平方千米、52 平方千米、223 平方千米和 332 平方千米，每一次扩展都带来城市功能区的改变和工厂企业的搬迁，造成资源的浪费。苏州工业园区学习借鉴了新加坡经验，从一开始就花巨资进行整体规划，把工厂区、住宅区、购物区、休闲娱乐区、科教区、会展区、行政区等定好位置。相比苏州工业园区在 1994 年建区开始就通过规划体现了产业和城市融合发展的强烈意图，国家层面直至 2018 年才开始在文件中首次提及倡导开发区的产城融合建设。苏州在开发区产城融合建设上仍然占了先机，表现在三个方面。

（1）苏州的对外开放滞后于 14 个沿海开放城市，因此吸取了它们把开发区建在离主城区 20 千米以外地方的教训，把开发区建在离主城区 2 ～ 5 千米的位置，这本身在布局上做到了产城融合。苏州早在 30 年前就有这样的见识殊为不易。看看最近 10 年建设的兰州新区、贵安新区、郑州绿博、昆明呈贡等新开发区，它们都有一个典型的特征——距离主城都在 25 千米之外。

（2）苏州工业园区学习借鉴新加坡经验，成功建成了中国第一家产城融合的开发区。身处苏州工业园区，你会明显感到与中国的其他城市和开发区不一样。为什么不一样？因为这里有先进的产城融合规划理念。例如，道路两侧基本都是绿化，不允许建沿街商店，居民购物都去集中的商业中心。这样不但减少了路上行人，美化了道路景观，也方便了居民的多品种购物。又比如，园区主干道两旁都不允许有企业和居民小区的汽车出入口，企业和居民小区的汽车出入口都建在支路上，从而保证了主干道的畅通。

（3）苏州人最深切地感受到苏州工业园区产城融合建设的成功，苏州市委市政府 20 年来一直倡导开发区产城融合建设，因此苏州下属的 14 个国家级开发区和 6 个省级开发区多多少少都在产城融合建设上有所建树。

为什么开发区建设要倡导产城融合？笔者认为主要有如下 6 个好处。

（1）城市功能对于产业发展是非常有利的。不仅上班族居住在厂区附近有利于节约交通上的时间和费用，而且人才的长时间集聚对于工艺革新和产业创新升级至关重要。

（2）产城融合才更有竞争力。一个风景优美、生活舒适、产业健全的区域显然更有利于高端项目的招商。

（3）产城融合更能保障财政健康。由于招商竞争，一般工业用地使用权的出让价格都很低。为了吸引重要项目，开发区常常会把土地出让价格压到低于开发成本。而住宅和商业用地拍卖价格就很高。一个产城融合的开发区将会有大量的商业用地来平衡工业低地价造成的亏损。产城融合做得越好，商业用地价格就可以越高。

（4）可以建成更加现代化的新城区。开发区一般都是新建区，一张白纸更容易画出最美最新的图卷。而开发区只有明确了产城融合建设的任务，才会认真地开展城市功能建设。

（5）产城融合有利于开发区的融资发展。2021 年 6 月，沪深交易所首批 9 只基础设施公募 REITs 正式上市。公募 REITs 试点政策的出台，也给了产业园区盘活优质基础设施资产，实现证券化的机会。开发区从“开发—

运营”到“开发—运营—基础设施 REITS—开发”的转变凸显产城融合的好处。

（6）产城融合有利于开发区土地的集约利用。由于产城融合，土地资源、人口容量、生态环境等都要求发展中以规划为引导，注重集约发展；开发中，要坚持供地量与投资额、产出率、利税额、建筑密度和容积率等指标挂钩，提高土地的利用效率和项目承载能力。具体措施包括三个方面：一是提高门槛，即提升招商选资与招才引智的门槛。在苏州，虽然没有市政府的文件要求，但约定俗成地，工业用地的最低要求在十年前大约为每亩地 20 万美元投资额，现今是亩均 50 万元税收。2021 年 10—11 月，江苏汾湖高新区的最低标准是亩均 70 万元税收。二是“腾笼换鸟”，即加快“退二进三”“退低进高”和梯度转移。三是“上天入地”，即不断提高容积率和地下空间利用率。

第二节　大力发展服务业

关于发展服务业的意义，各种公开发表的文章已经有了详细的叙述。本节要强调的是，服务业项目大多不需要给予建设用地，因此，参考第六章第六节开放型经济发展模式的条件二，为了节约建设用地，应该大力发展服务业。

根据全球化的发生机理，在巨大收入差距存在的情况下，不但商品制造，服务也能向低收入区域转移。服务外包就是全球化的直接产物之一。依据印度承接美国服务外包的成功实践，美国经济学家托马斯·弗里德曼写出了畅销专著《世界是平的》。2006 年该书中文版在中国出版时，苏州市的服务外包企业只有一两家。但 2006 年，正是苏州推动开放型经济转型升级和服务业大发展之时，服务外包成为当时苏州招商引资的热点。2007 年，笔者牵头负责开展苏州市政府赴印度的大型服务外包招商活动。目前，苏州服务外包形成软件研发、生物医药、工业设计、动漫创意游戏、金融数据处理和供应链管理等六大服务外包产业集群，先后吸引丰田、IBM、惠普、富士通、凯捷等著名企业来苏投资发展。凌志软件、飞力达国际物流、金唯智、昭衍、中美冠科、大宇宙等 6 家企业入选“2020 中国数字服务暨服务外包领军企业”。

发展服务业应该兼顾广度和深度。从广度讲，服务业品类繁多，应该列出所有的大品类进行详细考虑，看看已经有什么、缺失什么、还能发展什么。关于服务业分类，中国国民经济统计分类有，WTO 也有。笔者还是推荐 WTO 的分类，因为据此更容易与国际对接。WTO《服务贸易总协定》将服务分为 12 个大类，即商务服务，通信服务，建筑和相关工程服务，分销服务，教育服务，环境服务，金融服务，健康服务，旅游服务，娱乐、文化和体育服务，运输服务，其他服务。这 12 个大类又分成 160 多个小类。其中，商务服务特指依赖于个人技能的服务，涵盖法律、会计、医疗、护理的专业服务，计算机硬件装配有关的咨询服务，研发服务，房地产服务，无经纪人介入的租赁服务以及涵盖广告、管理咨询、技术测试分析、照相的其他商务服务。

各地应该依据对于以上服务业各类别的分析，确定当地服务业发展重点，通过制定政策规划、建设服务业园区、吸引人才、招商引资等各种办法，从深度和高度方面用心发展服务业。

根据本书第一章关于全球化机理的分析，对于像苏州这样开放型经济发达的城市，贸易是驱动境外制造业企业投资苏州的引领因素。正是因为贸易畅通，从苏州制造的商品才能销往全世界。所以说，贸易引领了苏州工业发展。同样，发展服务业，也可以贸易引领，这就需要大力发展国际服务贸易。也就是说，应该通过大力拓展服务出口，来发展服务业。这方面，中国的潜力非常大，而且基本不用担心美国的打压，因为与货物贸易不同，在服务贸易上美国拥有大量顺差。

目前，已经有几十个城市开展服务贸易创新发展的试点，各地可关注这批试点以及北京服务业扩大开放综合试点的各项成果，大力推动服务出口和服务业外商投资。

第三节　大力发展总部经济

进行开放型经济转型升级，很容易想到向“微笑曲线”两端延伸。我们最初招商引资招来的基本都是加工制造项目，这些项目利润空间小。向“微笑曲线”两端延伸就要在研发设计、销售、品牌营销、售后服务、投资等环节取得突破。其实这些环节对应的都是跨国公司的功能性总部。

本书第五章第十三节专门进行过跨国公司总部的形态分析。除以上功能性总部外，还有行政管理总部。这些总部还可以进一步划分为全球、亚太、大中华、中国、华东区等类型。

跨国公司总部对总部所在地的能级和生活环境特别在意。所以，北京、上海吸引总部的能力最强。但北京、上海不可能通吃总部项目，因为京沪居高不下的商务成本和生活成本降低了其吸引总部经济项目的竞争力。由于总部企业数量较多，因此理论上所有的城市都可以找到适合自己的总部经济项目。例如，近十年来苏州的跨国公司研发中心如雨后春笋，这与北京、上海房价太高，普通家庭出生的大学毕业生无法买房密切相关。

招引总部经济项目，必须完善城市服务功能，在教育、治安、医疗、文化等各领域建构优良的环境。在政策优惠上，总部经济项目对于个人所得税、人才落户、子女教育往往有更高要求。有的总部项目会要求供地建高楼，有的会要求财税返还。各地制定的优惠政策通常还提供租金和开办补贴等。

过去十多年来，全国各大城市都积极发展总部经济。以截至 2019 年 6 月的数据为例，北京共有外资总部企业 880 家，其中，跨国公司总部 179 家；上海共有跨国公司地区总部 693 家，其中，亚太区总部 102 家，研发中心 449 家；苏州共有地区总部特征和共享功能的外资企业 300 多家，其中，投资性公司 48 家、地区管理总部 88 家、独立法人研发企业 100 多家、采购中心 16 家、财务管理中心 14 家、结算中心 10 家、销售中心 23 家、分拨中心 12 家。

第四节　大力发展新兴产业和高端产业

开放型经济转型升级自然而然会想到要发展新兴产业和高端产业。在第一章对全球化机理的分析中，我们的思想实验是针对发达国家的现有产业，是存量产业的转移。实际上，增量产业更容易在商务成本更低的国家和地方落户，因为增量部分既不需要考虑关停原有工厂，也不需要处理复杂的工人处置问题。由于新兴产业基本上都是增量的，因此开放型经济对于招引形成跨国公司建构的新兴产业具有更大优势。

不仅如此，新兴产业由于是新的，所以境外跨国公司没有既有优势，这给予国内企业在相同起点上与老牌跨国公司竞争的可能性。中国各城市为发展开放型经济所建设的开发区和投资环境同样为国内企业的发展提供了最好条件，这样国内企业凭借近水楼台以及决策速度快的优势，能够在新兴产业的竞争上压倒老牌跨国公司。过去十多年来，中国本土企业在光伏发电、风电、锂电池、5G 通信、平板显示、因特网应用、生物医药、医疗器械、纳米技术、人工智能、无人机、氢能应用、智能手机等众多新领域均取得突破性发展，走在世界的前列。

过去 20 年中，通过实施开放型经济发展模式来推动高端产业发展同样是硕果累累。比如，芯片产业不能算新兴产业，但一定是高端产业。中国芯片制造产业实现“0”的跨越，达到如今占据世界 15% 左右的份额，是从上海张江在 20 世纪 90 年代末引进中芯国际开始的。其实在上海引进中芯国际之前，中国的芯片产业并不是 0，只是芯片制造接近于 0。国家那时已经在无锡布局和投资了集成电路企业。江苏省南通市的国企南通晶体管厂也已经进行了技术改革，引进了集成电路封装设备，并和日本富士通合资了芯片封装公司，该公司就是如今的深交所上市公司通富微电。笔者 1995 年去德国培训时，受该公司委托帮助联系了德国西门子公司，使该公司成为西门子的芯片封装代工企业，1998 年该公司就实现向西门子出口 7000 多万美元。

新兴产业和高端产业一般都会投资在开发区。因此，开发区如何考虑产业投资并制定相关政策非常重要。经济学界一直对政府该不该制定产业政策以及政府的产业政策究竟是否有用争论不休。笔者认为，产业政策是有用的，但既有正面作用也有负面作用。比如，20 世纪 90 年代国家对于集成电路的产业政策目标基本上都没有实现；但如果没有该政策，南通晶体管厂可能就不会上芯片封装项目。因此，产业政策如何做到尽量正确至关重要，如果没有把握，可以更多地把问题留给市场，也就是说，产业政策也要充分利用市场机制。开发区和乡镇应该有自己的产业政策，即明白自己应该发展什么产业、如何配置资源促进这些产业发展。如果没有把握决定发展什么产业，开发区也可以制定产业负面清单，把不要的产业先列出来。一般而言，开发区依据自身产业基础制定产业政策不太可能出错，因为自身的产业基础如何是一目了然的。全国各地能够涌现出像化纤布名镇、童装名镇、羊毛衫名镇等各种各样的单一商品名镇，充分说明开发区和乡镇的产业政策的正确性很高。

在明确产业布局方向后，开发区应该积极建设相应的产业发展载体，营造产业发展优势。例如，可以设立园中园、区中区。苏州工业园区 2005 年就设立了生物纳米科技园，规模扩大后于 2017 年分别成立了生物医药产业园 Biobay 和纳米科技园。

发展新兴和高端产业不仅包括招引新的项目，还包括引导现有企业转型升级。例如，德国博世 20 年前就投资苏州工业园区，但德国博世在园区的 MEMS 芯片封装工厂是按照德国工业智能制造 4.0 改造提升而来的，是典型的新型高端产业。

在苏州，如果不考虑农业，市经信局掌管的市级财政专项资金的金额仅次于科技局，这里有很多资金用于企业车间的智能化改造。

第五节　大力推进开放创新

本书第四章专门论述了以开放推动改革和创新，明确了开放推动创新本身就是开放型经济发展模式的重要内容。那么，开放型经济的转型升级必然就包含更大力度的开放创新。

第四章第七节和第八节都论述了以开放推动创新，但开放创新除包含以开放推动创新外，还包括开放式创新的意思，即如何构建开放式创新的生态。

构建开放式创新的生态，需要在科技园和孵化器建设、公共服务平台、政策制定、招商引智、创业投资和股权投资、产业培育、境内外购买和并购、知识产权服务、人才服务、上市赋能、生活娱乐设施等方面下功夫。如果有足够资源，可以在这些方面全面启动、平行推进；如果资源有限，可以先在科技园和孵化器建设、公共服务平台、政策制定以及招商引智上先发力。

科技园和孵化器(包括创客空间等)可以由地方政府或开发区的国企投资建设，也可以市场化地由私人企业投资。如果是私人企业投资，私人企业也承担了招商职能。由于科技初创项目一般都会要求租金减免，因此，私人企业无法纯市场化地运作科技园和孵化器，这时一般是由政府部门给予补贴或者由政府部门承担更多招商职能并支付落户的初创企业的房租。一个科技园的体量最好要有 1 ～ 10 平方千米。利用现有工业厂房改造的创客空间可以很小，但效果也小。

公共服务平台当然包括对初创企业的各类后勤和专业服务，但如果能针对科技园区的产业特点，提供可以共用的设备仪器和设计测试维修服务，才是更完善有效的。

各地各开发区基本都会制定地方支持企业初创的政策，这里最实质性的是地方财税支持力度。这与工业项目特别在乎土地供给是不同的。政策包含对企业开办费用和租金的支持、科技攻关补贴以及对白领招聘和落户、所得税、高管子女教育等方面的内容。

对于科技初创企业的招商引智与一般工业项目完全不同，因此，应该有专门的团队。对初创企业给予创业投资和股权投资支持是十分重要和关键的措施，本书第八章第七节将专门论述。

产业培育是指科技园和孵化器在明确产业定位的基础上，吸引选定的产业初创项目，并集聚该产业资源。例如，苏州工业园区成功吸引中科院纳米研究所落户后，专门建设了纳米科技园，积极培育和吸引纳米企业入驻。苏州工业园区还每年举办一次纳米专业展览会，并在展会期间举办多场纳米技术高端论坛。

境内外购买和并购是指帮助入园企业关注和追踪国内外相关先进技术和企业的动向，帮助企业把握购买技术和并购企业的机会。

知识产权服务是为企业提供查询专利、把握技术现状以及申报和买卖知识产权等相关专门服务。

人才服务是对人才引进、落户、购房、财税优惠、子女教育、医疗、国际旅行等方面的服务。

上市赋能是对企业构造股权结构、满足上市要求等方面的专门服务。该服务并非局限于投行机构的上市辅导服务，而是更加侧重于帮助企业建立销售渠道和供应链、克服融资困难等方面。

生活娱乐设施是要在科技园附近建设酒店、公寓、人才保障房、住宅以及体育健身、商业综合体等设施。

第六节 形成双向开放的新格局

在 20 世纪 90 年代，党中央就提出实施“走出去”战略。提出该战略的依据是必须要利用国内国际两个市场、两种资源。该战略提出后的十多年里，各地地方政府口头上重视，但实际上作为不多，因为“走出去”的主体毕竟是企业，而且境外投资对地方而言是经济的减量而非增量。

2002 年，苏州市政府出台了《关于实施“走出去”战略的若干意见》。出台该项政策文件是基于理论分析，因为中国加入世界贸易组织后，商品的境外市场价格减去境外增值税加上中国关税和增值税就进入了国内市场，国内商品进入国际市场也一样，这样境内外市场就是一体化的，为此有出息的企业都必须要考虑国际竞争，充分利用国内国际两个市场、两种资源。2012 年，苏州市政府重新出台了《关于更加积极地实施“走出去”战略的若干意见》。出台该项政策文件是基于现实倒逼的需求，因为苏州遭遇土地、劳动力以及大宗商品资源短缺的问题，必须要走出去拓展发展空间。2016 年，苏州市政府再次出台了《关于加快实施“走出去”战略的意见》。出台该项政策文件是基于开放型经济转型升级的更高定位，响应中央“一带一路”倡议，推进供给侧结构性改革，在更广阔的空间进行产业布局和深度开拓国际市场，形成双向开放新格局。

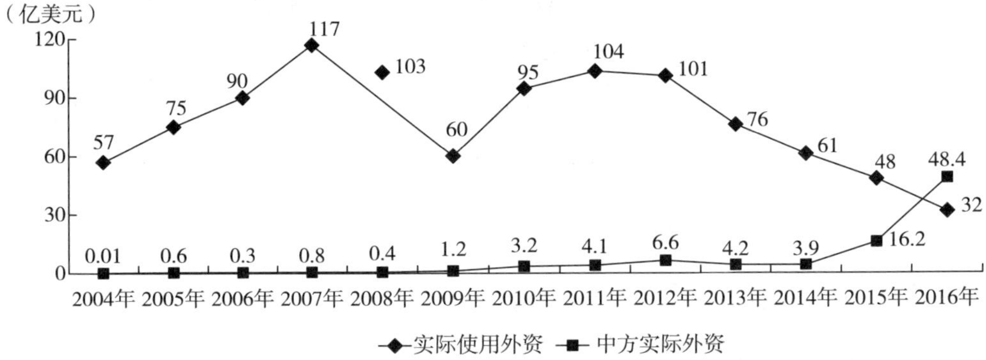

图 7.1　苏州市“引进来”“走出去”金额折线图（按外管局国际收支统计）

资料来源：

图 7.1 是外汇管理局统计的境外投资和外商对苏州投资的收付汇金额。该图显示，外商对苏州投资最多的年份是 2007 年，当年到账外汇是 117 亿美元。而 2016 年苏州市境外投资付汇是 48.4 亿美元，远高于 32 亿美元的外商投资。用外管局收付汇统计的好处是剔除了商务部统计的人为干扰，因为各地招商部门为了确保下一年工作成效，经常把本年的一部分外商投资金额留到下年统计，有的开发区人为挪动的年度数据达到 20 多亿美元之巨。坏处是遗漏了设备等实物投资以及投资者使用从现有企业分得利润的再投资，如 2007 年外商对苏州投资如果加上实物投资和利润再投资应该超过 120 亿美元。但由于境外投资和外商对内投资都同样有遗漏，并且遗漏部分占收付汇比例很小，所以图 7.1 的比例是基本正确的。

境外投资除考虑规模因素外，结构质量同样重要。苏州境外投资主体是民营企业，约占 70%，其余为国有企业和外商投资企业；投资遍布全球五大洲 100 多个国家和地区；投资中大约 35% 为加工制造，25% 为高科技并购，8% 为木材、铁矿石等资源开发，32% 为服务业。这样的结构体现了全面、均衡的特点。苏州在“走出去”实践中产生了一些并购境外高科技项目，然后利用此技术在国内再投资的典型案例。

由于开发建设境外经贸合作区是中国实施走出去战略的重要内容，这里特别介绍苏州市企业在埃塞俄比亚投资的东方工业园。与无锡市企业在柬埔寨投资的西哈努克港经济特区相比，东方工业园规模较小，但意义、难度和效益更大。埃塞俄比亚是非洲的政治中心、非盟总部所在地、非洲唯一没有被殖民过的国家，所以开发建设东方工业园具有重要和深远的意义。在建立西哈努克港经济特区之前，柬埔寨已经有 20 多个经济特区，这些经济特区的政策框架都差不多；而东方工业园是埃塞俄比亚的第一个开发区和规模化工业项目，所有的政策框架都要苏州与埃塞俄比亚政府协商推动。例如，广东东莞的华坚鞋业到东方工业园投资需要购买土地使用权，但埃塞俄比亚当时的法律禁止土地使用权再分割，也就是说，开发者购买开发区土地后不能在完成土地整理后再出让，这显然极不合理。单单为了改变这个法律条款，就用了 5 年多的时间。最后，从效益看，埃塞俄比亚因为几乎没有工业，所以工业产品一旦率先生产出来，毛利率都在 100% 以上，这也使得埃塞俄比亚政府征收的税的总额很多，这与进行大进大出生产加工的开发区很难收到税产生鲜明对比。

以上是通过苏州的实践来说明如何形成双向开放的新格局。需要强调的是，“走出去”不单是企业的事，也需要政府的积极作为。

第七节　吸引高校和科研院所集聚

集聚高校科研院所和人才不但对于科技创新和产业发展意义重大，而且其本身就是城市高端化发展的象征和目标。既然是吸引集聚，那就属于开放型经济范畴，是开放型经济转型升级的重要内容。虽然全国吸引高校科研院所和人才集聚做得最好的主要有北京中关村、上海张江、深圳南山区以及苏州工业园区独墅湖高等教育区，但从开发区建设的角度看，独墅湖高等教育区更有借鉴价值。因为中关村和张江分别被整个北京和上海套用名称，过于分散；而深圳南山区是一个面积很大的行政区，并非专门设计的开发区。

苏州独墅湖高教区位于苏州城东独墅湖畔，成立于2002年，规划总面积约11平方千米，规划总人口约20万人；至2021年中，该区已经集聚了31所高校、15家国家队科研院所以及6家职业院校。中国科学技术大学、西安交通大学、苏州大学、西交利物浦大学、南京大学、东南大学、中国人民大学、四川大学、武汉大学、山东大学苏州研究院、华中科技大学、复旦大学、上海交通大学、天津大学以及新加坡国立大学、乔治·华盛顿大学、SKEMA商学院、悉尼大学、牛津大学、哈佛大学、麻省理工学院、南澳大学、梅西大学等先后在此设立了研究院或新校区或总部或创新中心；中国科学院苏州纳米技术与纳米仿生研究所、生物化学与细胞生物学研究所、自动化研究所以及中科院电子所、计算所、微电子所、生物物理研究所、兰州化物所、上海药物所、大连化物所等在此落户或设立了研究院。其中，牛津大学高等研究院（苏州）是牛津大学在外创办的唯一一个分支机构；西交利物浦大学总部设立于此，其本科生高考分数与苏州大学不相上下。除以上有实体落户的31家高校外，还有一些实质性的项目合作，如加利福尼亚大学伯克利分校每年在这里与中科大进行纳米专业的联合招生。总而言之，苏州工业园区独墅湖高教区环境优美、学生如云，是开放型经济转型升级的典范。

除独墅湖高教区外，昆山杜克大学、苏州新区科技城的南京大学新校区、太仓的西北工业大学新校区、常熟世界联合书院等都在苏州发展得很好。

高教区的开发模式是：统一规划、分期开发；政府搭台、高校办学；运作市场化、后勤城市化。与此开发模式相对应的是地方政府的大量财政投入。例如，独墅湖高教区与高校最普遍的合作模式是：地方政府做好土地平整、造好教学楼宇和学生宿舍、提供公共的操场、图书馆和大礼堂，学校先入住、若干年后开始还款。对于一些特别重大的大规模建设项目，地方政府的支持更大。例如，据笔者所知，苏州高新区要为南京大学苏州新校区的基建出资 100 亿元，今后的运行再出资 100 亿元，未来的长远发展再出资 100 亿元。

视学校情况的不同，办学形式可以是多样化的，包括：政府投入为主的办学形式、联合投入的合作办学形式、地方与学校合作办学形式、社会力量办学形式、学校独立自主办学形式。

招商上坚持引进的院系专业与苏州市及开发区的主导产业紧密结合，优先引进信息技术、微电子工程、人工智能、纳米和材料科学、生物医药医疗、航天航空、装备制造等相关的高等教育和科研机构。例如，太仓市引进的西北工业大学可能在一般人眼里并不耀眼，但该大学擅长航天航空技术，是苏州非常理想的合作对象。在招商过程中，各地区确实存在重工轻文的现象，如苏州吴江区与苏州大学洽谈时，希望引进硬科技学院。

第八节　吸引人才集聚

人才的重要性已经被广为论证。首先，人类的历史都是人做出来的，人是决定性因素。其次，很多成果能够做出来的最关键的因素是因为个别杰出的天才拥有了超越常人的认知，即使在非科研领域也是如此。最后，即使是人才，其表现也是随时间变化的，很多卓越的认知来自人才的灵光一现，所以人才的创造性也需要被激励。

吸引人才集聚很重要的是吸引境外人才。由于境外有不同的环境、不同的知识创造、更加发达的教育和科研水平，吸引境外人才显得尤其重要。江苏省商务厅20年前就开始提出“招商引智”，并把外经贸管理部门惯常所说的外贸、外资、外经“三外”改为外贸、外资、外经、外智“四外”。但苏州市商务局一直不说“四外”，因为招引境外人才工作是由苏州市委组织部牵头负责的。事实上人才工作由于牵涉人本身，因此更为复杂。只有坚定地遵循党管人才原则，才能确保人才工作的成效。

做好人才工作首先要划分好人才类型。因为不同类型的人才的需求是不一样的，即使同一大类的人才也有子类不同的区别。例如，大学招聘境外著名学者算是一个大类，但其中有的学者相对比较简单，只要解决好待遇问题就行；而有的学者会要求有配套的实验室。苏州的姑苏人才计划目前对创新创业领军人才、重点产业紧缺人才、高技能人才、教育人才、卫生人才、宣传文化人才、旅游人才以及知识产权人才等八类人才予以政策支持。这八类人才中，创新创业领军人才对地方经济的发展推力最大，他们的需求也最难满足。这类人才往往会要求创立企业进驻科技园和孵化器，并且渴望创业投资和股权投资。关于科技园和孵化器，本章第五节已经进行了论述，关于创业投资和股权投资，本书第八章第七节将做论述。

人才的共性问题主要有：工资待遇、所得税返还奖励、科研项目奖励、团队构建支持、购房或租房优惠、安家补贴、专业技术资格认定、人才关系转移或挂靠、工作许可、人才落户、子女教育、签证和居留许可、亚太经济合作组织商务旅行卡、医疗保健、科技文献服务、降低因特网围墙、社会化引才奖励、企事业单位引才用才激励、贵宾室绿色通道等特殊礼遇等。

供讨论的问题

1. 试述开发区产城融合建设的好处。

2. 假设一个国家级开发区建在距离县政府3千米的地方，它是否有必要在县行政审批服务中心以外，建立自己的行政审批服务中心？

3. 服务出口是不是应该给予出口退税?

4. 按 WTO 的分类，科技研发属于什么服务? 商店、超市属于什么服务?

5. 一个三线城市能不能发展总部经济?

6. 如果一个特别符合本区产业规划的新兴产业项目希望能够供地落户，但该项目目前不满足亩均税收的要求，是否应该给予供地?

7. 一个初创企业需要花 300 万元购买一台先进的测试设备，该企业提出：类似的初创企业都可能用到该设备，是否能由科技园管委会作为公共设备购买后租给大家使用。科技园管委会应该怎么考虑?

8. 一家中国企业生产的出口美国的商品因贸易战被美国加征 25% 的关税，这家企业为此在泰国投资了一个工厂，把中国产的零部件运到泰国加工后再出口美国。这时该产品是否会被美国加征 25% 关税?

9. 一个没有产城融合的工业开发区能够吸引高校入驻吗?

10. 聚焦特定专业的专业科技园对吸引人才有效吗?

第八章

招商引资的转型升级

第一节　招商对象的改变

招商对象的改变主要体现在 4 个方面。

一、体现发展动力机制的改变

从主要依赖开放驱动转向开放与创新的双轮驱动。这就要求招商对象从主要面向世界 500 强、跨国公司、境内外企业，转向同时也面向科技领军人才和专门人才、研发团队、有潜力的初创企业、创业人员、留学创业者。这个改变在开放型经济换型升级中应该尽早推行并长期坚持，但同时不能奢望改变的效果立竿见影。即使在苏州工业园区，在这种改变发生 15 年以后的今天，年财税收入过亿元的企业几乎仍全部是传统招商企业；但新型科技创新企业经过长期的培育和支持，正如雨后春笋。到 2021 年中旬，苏州上市企业已经达到 200 家，其中，科创板上市企业达到 33 家，占全部科创板企业的 11%。其中，2021 年上半年有 13 家企业登陆科创板，科创板新增量为全国各大城市的第一名。

二、产业选择的改变

从以往的一般制造业，转变为更加注重服务业、新兴产业和高端制造业，特别注重发展总部经济，包括研发中心等。有关内容上一章已经论述。

三、体现产业政策导向的改变

这里的产业政策不仅指中央和省、市、县的产业政策，更重要的是本开发区或乡镇的产业考虑。本书第七章第四节已经明示开发区或乡镇的产业政策往往比中央和省市县的产业政策更加贴合实际、正确性更高。因此，开发区或乡镇应该聚焦本地主导产业，推进符合本地资源禀赋的特定产业集聚发展，为此不惜下决心放弃一些不符合本地产业导向的招商项目。之所以做如此建议，是因为开发区或乡镇一旦招进几个符合本地资源禀赋的特定产业项目，就为以后更多的类似产业进驻创造了优势。这是正反馈的效应。

四、价值评估的改变

对招商项目的价值评估，要从产值、GDP、引资金额、进出口金额等传统经济指标改变为财税贡献和就业。对转型升级要求高的地方，就业可以改变为高端就业，即能够带来高收入岗位的就业以及能够带来广受本地人欢迎的就业岗位的就业。目前，中国各地普遍更加重视招商项目对财政一般预算收入的贡献，对就业贡献的考虑很不充分。但笔者认为，就业考虑无论如何都应该始终存在。对比着看，西方发达国家对招商项目基本就看就业指标，而且招商奖励几乎完全与就业挂钩。例如，10 年前美国佐治亚州政府到苏州招商时，给出的优惠政策是：对于落户企业招聘城区职工，按每人 5000 美元给予企业补贴；对于招聘偏远地区的职工，按每人 20000 美元给予企业补贴。造成地方招商时更重视财政一般预算收入而忽视就业的一个原因是：东部城市并不希望企业招聘很多外地员工，因为这增加了城市负担，单单增加中小学学校就是一个庞大的财政负担；中西部城市贫困人口有国家补贴，这些补贴到目前为止并没有与当地招商项目挂钩。因此，如果国家财政改变补贴政策，按新设企业在中西部相对落后地区招聘的职工数目给予人头费补贴，将大大激励企业到中西部投资，也激励当地政府的招商热情。

第二节　招商优惠重点的改变

传统的外商投资企业就是生产和相应的物流，为此，企业洽谈过程中对土地供应十分在意。从招商部门看，外商投资大多数是建立独资企业，因此除少部分合资合作项目外，基本上只要谈妥土地供应和一些优惠承诺就完成了谈判。因此，传统招商给予外商的优惠主要体现在土地的优惠供应。即使给予外商的土地价格低于开发成本，也常常做。这时通常召开一个领导干部的决策会议，会上招商部门汇报该项目的重要性和外商土地要价，强调如果不能满足的话，外商就会到其他地方，其他地方正在争抢，然后领导集体决策是否给予最优惠的土地价格。20 世纪 90 年代至 21 世纪初，各地给予外商投资项目的土地普遍面积大、价格便宜。20 世纪 90 年代，笔者在南通市外经贸委工作时听过一个故事：当地开发区成功引进了著名的跨国公司日本东丽，当时开发区招商局因为该项目的土地转让高收益还得到了不少奖励。招商局尝到甜头后，一直希望重复得到这样的土地收益奖励，为此很长一段时间开发区招商进展缓慢，直到获知苏州的供地价格只有每亩 5 万元才如梦初醒。

在土地供应上真正体现“大哥”风范的是上海浦东。浦东开发外高桥、金桥、张江、陆家嘴等开发区时并没有采用通常的由作为政府派出机构的管委会来统一领导当地的工作，而是采用成立专门的开发公司、把土地注入开发公司、由开发公司开发并招商的办法。由于开发公司是讲究盈利的企业，因此不会把土地以低于开发成本的价格供应给外商。浦东的这个办法等于是自我降低招商竞争力，无形中为长三角其他地方的招商引资留足了空间。这也从一个侧面说明，为何长三角所有城市都真心实意地一致拥戴上海为龙头城市，而珠三角、环渤海城市群没有龙头城市。

对应上节所讨论的招商对象的改变，现在的高端项目更加注重财税奖励。每个现金流充裕的总部经济项目通常都会计算每年缴纳的税收，然后期望地方返还部分奖励。根据国务院文件，税收返还是禁止的，但这并不妨碍投资商和地方招商部门私底下计算税收返回比例，然后以其他名义奖励给投资商，名义上并不与财税返还相关。按照这样的招商优惠，北京、上海、天津、重庆 4 个直辖市以及深圳、厦门、宁波、青岛、大连 5 个计划单列市的招商竞争力最强，因为这些城市的财政一般预算收入不需要上缴给省政府。为何深圳现在这么牛？一个极其重要的原因是最近十多年是沿海发达城市开放型经济转型的升级期，这些转型升级项目特别在乎地方政府的财税奖励，而深圳不需向广东省政府上缴税收使得其竞争力超强。为何说深圳模式不具有可复制性？除本书第六章第一和第二节所说深圳模式需要国家不断给予先行先试政策外，还因为深圳拥有不需要向广东省政府上缴税收的特殊政策。本书第九章对这个问题还将进行进一步分析。

招商优惠重点的改变还包括集中财力引进龙头企业和项目。实际上，20 世纪 90 年代就开始使用这个方法，但现在这个道理大家看得更清楚，实施的力度也更大。龙头企业来了，相应的配套项目就很容易招引过来。

招商优惠重点的改变还包括经常性地制定针对特别项目的招商优惠。例如，招商时针对重大项目的一事一议机制特别重要。这里特别要强调的是形成机制。虽然大多数开发区均有一事一议的招商办法，但并没有机制化。只有形成机制的一事一议招商项目，才能让纪委部门放心。再例如，可以基于招商对象的竞争需求设计针对性的招商优惠。在第一章分析全球化机理时，提到如果一家企业到中国来投资，其生产成本大幅降低，这时这家企业就形成对于其竞争对手企业的竞争优势。其竞争对手就不得不也来中国投资。招商引资中对此原理的应用就是专门寻找竞争对手已经来中国投资的跨国公司，为其定制招商优惠，主动邀请其来本地区投资。

最后，招商优惠还需因地制宜、根据不同的类型采取不同的对策。例如楼宇招商对于租金、房客匹配度、商务环境等特别在意。笔者 2011 年左右访问上海市徐汇区商务局时，发现其分管领导对徐汇区年税收贡献亿元以上的楼宇出租情况如数家珍，楼宇招商是他们的日常工作。再如，开发区原有的工厂需要扩展，但本地开发区认为该项目贡献度不够高，不愿为其供应新土地。这时，开发区可以主动帮助其在其他开发区取得土地、搬迁出去。这里牵涉到产业转移中的招商。如何制定优惠政策，鼓励低端转移、腾出空间发展高端产业，是招商优惠需要考虑的新内容。

第三节　招商优势再营造

现代的招商优势再营造主要包括软硬环境再建设、产业链塑造、集聚性追求、基金诱投以及规划引导。现分别论述。

一、软硬环境再建设

之所以称“软硬环境再建设”，是因为在二十世纪八九十年代各地都已经广泛重视软硬环境建设。建开发区、造桥修路、宣扬亲商安商富商理念等都已经做得非常到位。所谓“再建设”既包括按更高标准建设，也包括恢复被损伤的亲商安商富商理念。这里，第一位还是开发区“产城融合”建设，要让开发区具有城市功能和完善的配套服务业。同时，5G、数字经济基础设施以及人工智能的运用都是硬件“再建设”的重要内容。在软环境“再建设”上，追求基于法制和规则的行政管理，深入推行“放管服”改革，大幅削减行政审批事项，放松金融外汇管制，强化企业服务等都是需要不断推进的内容。

二、产业链塑造

第七章第四节指出：开发区和乡镇应该有自己的产业政策，即明白自己应该发展什么产业、如何配置资源促进这些产业发展。因为塑造出产业链就能自动产生集聚效应，那就不需要靠招商部门一个个地拉单体项目。所以，要围绕主导产业通盘考量，实行聚焦龙头产业项目、通过产业链吸引中小微配套企业的招商方略。黑龙江绥化市基于玉米等主导产业，细化产业分析，编制产业链图谱、供应链“家谱”指导本地招商。他们将玉米产业链划分为 14 条主链，主要产品从传统的淀粉、酒精升级到维生素、辅酶 Q10、肌苷、鸟苷、氨基酸、赖氨酸、异亮氨酸等 50 多个品种。在绘制出详细的产业链联系网之后，针对当前本地在各节点上的情况进行分析，之后以招商、扩产等形式进行针对性扩链、扩产。绥化市截至 2020 年 5 月，就已绘制出玉米生物发酵、精细化工、汽车电子仪表等十大重点产业的产业链图谱，通过图谱厘清了产业链上的产品、目标企业和配套关系，提升了招商成功率，塑造了本地产业链。

三、集聚性追求

产业链塑造实质是造成了产业集聚，越是集聚就越能集聚。这符合“马太效应”。这种集聚性追求还可以运用在投资商国别地区的集聚、服务业同类型的集聚、相近研发内容的研发企业的集聚以及相同业态的集聚。为此开发区可以发展出大量的园中园、区中区，例如太仓开发区的德资小区、苏州工业园的纳米产业园以及遍布全国的服务外包产业园、跨境电商产业园等。

四、基金诱投

地方设立产业投资基金以及创投基金和股权投资基金，对落户本地的、需要基金投资的项目给予股权投资或融资担保。本章第七节将做详细讨论。

五、规划引导

地方一旦做出一个新的、重要的、与国体空间布局相关的规划，则将对应产生新的、可能特别吸引投资商的地块。投资高楼大厦以及楼宇经济、商业综合体的开发商对此特别在意。苏州相城区在 2017 年左右做了一个 10 平方千米科技园的规划，规划上不但环境漂亮，而且宣称 10 平方千米的地面不能开私家车，私家车只能在地下行驶。此规划不管最终能否如愿实施，目前已经吸引了大量科技型项目入驻。

第四节　招商主体的能力塑造

招商主体的能力塑造主要包括招商主体认定、招商机构设置、招商部门设置、招商能力培育、招商配套服务等几个方面。

一、招商主体认定

广义地说，所有党政机关都是投资环境中的主体。从严格意义上说，招商主体是指富有具体招商任务，并能够与投资商洽谈投资细节的主体。本书的招商主体是指严格意义上的，因此通常中央政府、省一级政府以及各级基层政府中的非经济部门都不是招商主体。

从对土地资源具有处置权限的标准看，各个开发区管委会、开发公司，各县、区政府以及乡镇村，拥有土地资源的企业都是招商主体。如果考虑到不需用地，仅需要办公室的招商项目，楼宇开发商以及经营中介都是招商主体。如果考虑到平台经济和因特网网络经济，平台拥有者和一些因特网服务产品开发商也都是招商主体。但货物的推销和分销属于完全的市场营销范畴，不视为招商。

在开放型经济中，政府主导的主要招商主体一般应该认定为开发区管委会、乡镇政府和一些国有企业。在上海以及一些开发区，2020 年左右的做法是取消开发区管辖的乡镇的招商职能，由管委会招商部门统一招商。

之所以对招商主体做以上的认定，是为了明确招商任务的承担主体和招商队伍建设的对象。

商务部、发展改革委、科技部以及各地的商务、发展改革和科技主管部门是招商引资的牵头管理部门，承担统计、考核、管理、促进等政府工作任务。尽管商务、发展改革、科技部门都经常会主办或承办政府的大型招商活动，但这些部门由于并不直接掌握土地等资源，因此并非招商主体。

二、招商机构设置

招商机构可以是政府部门、开发区管委会部门、政府下属的事业单位以及国有企业和其他企业，也可以是法定机构。

政府部门的招商机构通常名为招商局，香港名为投资促进署，人员均为公务员性质。开发区管委会部门通常也名为招商局，属于开发区管委会正式编制。尽管开发区管委会作为政府派出机构的性质是确定的，但由于国家没有明确开发区管委会人员的身份属性，所以目前开发区管委会人员多数既非公务员，也非事业单位或企业，为此本书就姑且称为准公务员。由于公务员以及开发区正式编制的准公务员编制都很紧张，所以很多地方成立的招商促进中心定性为事业单位，人员全为事业单位编制。企业和法定机构人员均为企业编制。

招商机构转型应该使得招商人员成为公务员、开发区正式编制人员或者企业人员。因为成为公务员或开发区正式编制人员是能够招聘到高素质招商人员的保障；而企业化招商也可能给招商员提供更高于公务员的薪酬奖励，也能招聘到高素质招商人员。建议不要搞事业单位的投资促进中心，这些事业单位因为薪酬水平偏低、职级水平偏低、没有招商谈判权限，难以留住高素质人才。

企业化招商是招商方式的创新，可以突破公务员阳光工资改革后的薪酬“天花板”。企业化招商还可以更容易地对市场化的招商中介给予奖励。在国家收紧对招商引资财税返还政策时，企业化招商还可以突破其中的一些限制。但是，企业化招商不等于市场化的企业招商。市场化的企业招商要求企业要市场化地获取利润、养活自己，而纯粹靠招商业务是很难养活自己的。企业化招商是指招商机构是企业，但该企业将获得政府的大笔招商资金的补贴。但问题是，一个从政府获得大量补贴的企业，不太容易给予高管和员工高薪；所以，将企业薪酬与招商引资业绩挂钩是企业化招商的关键。

法定机构是由地方人大立法给予特定的企业一定的行政管理权限。把招商机构设置为法定机构的好处是可以招聘境外高素质人员，同时该企业又有高于公务员的工资以及相当于公务员的行政管理权限。广东省学习香港经验，设有一些法定机构。比如，深圳前海管理局不是政府派出机构，而是法定机构。

三、招商部门设置

招商机构的部门设置也是必须要认真考虑的。笔者巡察吴江开发区时，发现开发区招商局分成招商一处、招商二处等几个处，每个处之间并没有专门分工，都是依据开发区领导交办的任务来开展招商工作。为此基层有反映说，招商局变成了秘书局，自己几乎没有项目来源，就是帮领导出差招商时提供订机票、住宿等服务。这样的部门设置，固然强化了领导招商的积极意义，但也弱化了招商程序的必要性，容易带来廉政风险；特别地，普通招商员的积极性没有被调动起来。

建议招商局下设欧美招商处、日韩招商处、服务业招商处、科技招商处、楼宇招商处等专业处，这样有利于各个业务处室专业化地研究相关国别和领域的招商问题，开展针对性地招商活动。在业务重合交叉领域，可做明确区分，也可明确双方均可做。例如，对来自欧美的服务业项目，欧美招商处和服务业处都可以做，具体项目的归口由局主要领导确定。

科技招商对于转型升级和创新驱动具有特别重要的意义，将在第七节专门论述。

四、招商能力培育

一个地区的投资环境是决定投资者是否投资的决定性因素。但招商员水平也可以直接地，甚至极大地影响投资者决策。不同发展水平的地区对招商员素质有不同要求，比如，一个投资环境特别好的开发区也许并不缺乏慕名而来的投资考察商，招商员必须要慧眼识珠；而对一个普通的开发区而言，招商员获取投资信息就比好中选优更为重要。总体而言，招商员既是一个地区的第一形象，又是比形象大使更富挑战性的推销员。因为招商员不但要静态地展示本区域魅力，还需成功地招引投资者落户。这就要求招商员积极、阳光灿烂、勤奋专业、敏锐贴心。除这种性格化特征外，好的招商员还需要交往广泛，有充分的招商资源；对外招商还需要掌握外语。招商的领导还需要有党政机关的人脉资源，在招商项目的行政许可、政策享受、国家项目布局、宣传公关等方面保障招商项目的成功。

由于招商员的以上特征更多还是属于性格上的，因此好的招商员一定要有一些天生的优点，因为很难把招商员应有的特征都慢慢培养出来。正因如此，通过高薪酬或者公务员待遇招引好的招商员特别重要。这也是笔者不提倡事业单位招商的主要原因。

五、招商配套服务

包括政策兑现、企业服务在内的招商配套服务至关重要，这既有利于积累本地区投资环境的口碑，又能保证项目实际运行顺畅。招商引资不是“一锤子买卖”，必须注重诚信，兑现承诺，帮助企业健康发展。

好的企业注重营商环境远胜于政策。强价值型企业需要的是公平竞争的市场环境，它们甚至不需要政府服务。而成长型企业、特别是中小微企业非常需要政策呵护和政府服务。做好招商配套服务，就会发现“以商引商”的巨大效果。

第五节　主要领导负责制

直接投资项目，或绿地项目，通常会为投资者在当地的土地上带来大量的固定资产。保证这些固定资产的安全以及生产运作的正常需要依靠政府及政策的支持。因此在招商过程中与当地领导建立良好的关系至关重要。并且这种重要性随领导职级的上升而上升。

主要领导亲自招商的重要性还表现为存在大量的投资者“逆招商”，即投资者主动找可能适宜投资地区的主要领导来寻求投资机会。

在开放型经济转型升级的过程中，领导招商的重要性只会越来越重要、参与度只会越来越深。过去的招商，大多是制造业，往往仅涉及土地优惠。但现代招商中涉及大量财政补贴和国有基金的投资事项；重要的服务业项目还需要依赖当地政府帮助开拓市场和赋能。因此，领导不但在前期招商环节而且后期服务中都显得重要，不但需在谈判中象征性出场，更需对项目作出的承诺负起长久的责任。同时，领导干部也需要增加自身的招商识别能力和风险防范能力，避免上当受骗。对领导干部而言，积极主动地找项目、不放过好项目又不陷于差项目、敢于担当承诺又不过分承诺，都是必须要面对的考验。

综上所述，主要领导亲自招商对当地发展开放型经济极其重要。地方党政主要领导一定要有招商意识、招商责任、招商本领和招商眼光。为此，领导干部应该接受系统性的开放型经济原理和实务培训以及投资培训。

第六节　招商信息来源的多样化

获取招商信息的传统渠道主要是海外华侨、现有产业的供应链或客户、大型招商活动、外交往来、中介机构介绍、人际关系以及外资银行的介绍等等。随着开放型经济的发展，“以外引外”、产业聚集效应、对龙头产业的针对性招商、出国招商团组、境外投资所产生的关系、对上市公司的研究、创业和股权投资项目的成功、外企增资等都成为招商信息的新的来源。

中国的海外华侨的爱国热情特别高，各地都有很多项目是华侨介绍的。现有产业的供应链或客户也是非常重要的项目信息来源。对于境外客户而言，老客户和新客户所起的作用有很大不同。老客户更能引进投资项目，而新客户往往先做贸易。但新客户做久了就变成老客户。所以鼓励企业参加各类展览会不仅对外贸，也对投资有很大作用。这里需提醒大家注意，电子信息行业的美国客户非常特殊，通常在展览会找不到真正的买手。美国硅谷一带的电子信息行业的采购一般是通过中间代表人进行，中间代表人简称RAP。所以，企业在硅谷推销以及招商员寻找投资信息最好都要想办法认识一些RAP。

“以外引外”意味着招商信息可以通过已经落户的企业自动找上门来。这是很舒服的事。但只有搞好对现有企业的服务工作，才能得到“以外引外”的好处。

大型招商活动要花费大量的人力财力，但好处是可以集中展示本地区的优势，并利用领导的影响力开展洽谈、拜访、会见等针对性活动。如果说，组织国内各种会议的核心工作是准备会议材料，开展大型招商活动的核心工作是邀请客商。能否邀请到真正的客商以及能否安排我方领导与众多被招商企业集团的高层领导直接会面是保证大型招商活动成功的关键。而这个关键任务完成得如何并非一目了然的，它需要我方领导的强有力指导和督查。如果大型招商活动的参加者都是一些来凑数的不相关的人，那么尽管表面上也可以做得非常热闹，但实际不会有效果。

产业集聚效应就是当本地区形成某种产业的集聚，那么今后该种产业的项目会不请自来。我们的主动性在于主动推动形成产业集聚。同时，招商部门对本地区已经形成集聚的产业的行业动态信息也肯定是容易掌握的。

对龙头产业的针对性招商以及出国招商团组都是在充分调查研究的基础上开展的招商活动，招商部门人员为此需要有综合分析能力。如第二节所述，应该专门寻找竞争对手已经来中国投资的跨国公司，开展针对性招商。

在企业境外投资过程中，企业高管以及本地商务部门可能会与投资目的地的政府、招商中介以及企业产生联系，目的地的政府、招商中介以及企业肯定也会有当地企业想来中国投资的信息，因此境外投资过程中可能会产生重要的招商来源信息。特别重要的是进行境外高科技投资并购的目的之一，就是获得技术、人才后再回过来到中国投资相关项目，这方面苏州有很多经典案例。

对上市公司的研究是证券从业人员的主要工作，也是金融从业人员的高端工作内容。上市公司其实有很多投资行为，招商人员应该要积极研究上市公司，从中发现招商信息。此外，电视台、新媒体证券频道也有大量关于上市公司的信息，招商人员经常看美国 CNBC 电视、台湾非凡新闻等节目频道就能基本掌握国际投资的最新动向，发现招商信息。

有了招商信息就自然有各种对策，这里不做叙述。但切记最便宜有效的对策是向跨国公司正确的地址、部门和人员写信或发电邮。

第七节　推进科技招商

现代的招商可以分成传统招商和科技招商两大块。两者的差别已经大到应该组建两支不同的招商团队分别招商的地步。科技招商由于涉及人才引进和科技资金支持，因此科技招商团队不仅与商务部门，而且与组织部门和科技部门都有密切的关系。科技招商团队成员除必须像传统招商员那样积极、熟悉政策、外语流利外，还需掌握科技基础知识和最新科技和产业动向，并具有筛选识别科技项目好坏的能力。从苏州的实践来看，科技招商对于优秀招商员的吸引力特别强。苏州有一大部分传统招商员转行做科技招商，这些招商员一旦转做科技招商就“曾经沧海难为水”，不太愿意再做传统招商。这不仅因为科技招商要求招商员有创业投资和股权投资的眼光，因而更富有挑战性，还因为科技招商的成功感和喜悦感更加深刻和持久。比如，招商员招进一个跨国公司项目就会和项目负责人建立友谊，但跨国公司子公司负责人通常 5 年内就更换一次，招商员与新负责人不一定能建立友谊关系。但科技招商时招商员接触的基本都是项目老板，而与老板的友谊可以长久维持下去。

除需要独立的招商团队外，科技招商对科技园和孵化器载体、政策和资金支持、创业和股权投资、人才引进、科技项目资助政策、国家队的带动效应、高校集聚效应、上市和并购的赋能和辅导以及专业化的服务都需要有通盘考虑。这里从招商的视角做进一步阐述。

从招商的角度看，有了科技园和孵化器载体后，一般的科技初创项目都有了落户场所，招商部门对这些项目可以决定租金减免优惠，并通知科技园和孵化器执行。如果科技园和孵化器是私人投资的，则可以按照招商部门的通知与财政部门结算政府补贴的租金。

关于政策和资金支持，一般可直接套用书面的优惠政策文件或本地区的标准做法，重要的项目可一事一议。

关于创业和股权投资，下节将做专门讨论。必须指出：政府或开发区成立一个国有的、专业化的创业和股权投资企业是非常有必要的，因为招商部门没有能力和时间精力对所有的项目均做完整的评估决策。此外，招商部门还可以把是否给予资助的决策交予市场化的创业和股权投资机构和基金，政府投资引导资金可以投资市场化的私营创业和股权投资企业和基金，招商部门对这些有地方政府资金投资的创业和股权投资企业和基金提出在本地投资的百分比的刚性要求，并需经常牵头让被招商项目方和投资方充分交流。

关于人才引进，第七章第八节已经专门论述。对于招商部门而言，很多科技招商项目的关键在于掌握核心技术的人才，这时项目招商与人才招引是统一的。因此，科技招商部门必须与人才办以及科技部门建立项目会办协商机制。该机制的牵头部门由科技招商部门担当比较利于项目推进，但也可以由人才办牵头，因人才办通常层级更高，而且此类项目中，人才才是决定性因素。

科技项目资助政策是由科技管理部门决定的。很多地方科技项目资助仅给予内资企业或本国公民，这样做并不违反国际规则和惯例，例如 WTO 仅要求在贸易政策上给予国民待遇，并没有要求在科技项目资助上给予外企国民待遇。而且，尽管国务院最近 5 年来发过好几份鼓励外商投资的文件，但也从来没说给予外商投资企业国民待遇。实践中，科技管理部门通常否认科技项目资助会排斥外商投资项目，因为文件中从来没这样表述，但操作上往往这样执行，表现在宏观数据上，外商投资项目得到科技项目资助的比例非常低。尽管如此，一个城市或一个开发区明确给予外商投资企业国民待遇也是可以的，苏州市政府文件就曾经有类似表述。这样做的好处是有利于招引更多的外商投资。从原理上讲，财政科技资助资金来源于税费，而外商投资企业是纳税和吸纳就业的大户，应该可以享受财政专项资金的资助。

关于国家队的带动效应，主要指吸引中科院等科研院所落户本地后，对科技招商带来的带动效应。苏州工业园区之所以从无到有发展出纳米产业，就是因为首先招进了中国科学院苏州纳米技术与纳米仿生研究所，然后充分利用了该所的带动效应。

高校集聚效应一定要考虑科技招商的需要。并不是所有的高校、所有的专业都要招引。苏州工业园区独墅湖高教区虽然有 30 多所高校，但基本都是围绕园区的产业发展需求。南京大学苏州校区虽然孤单地建在苏州新区的太湖旁边，但其专业设置主要是信息技术、大数据与人工智能、新能源、光电技术、生态工程、生物医学工程，与科技招商形成完美匹配。

关于上市和并购的赋能和辅导以及专业化的服务，并不需要招商部门去做，但一定要确保有部门和机构做。因为科技招商项目并不仅是招引一个市场主体，还包括附着在项目上的股权投资企业和基金的投资，而股权投资企业和基金的投资通常需要通过项目企业上市或被并购而退出投资、获取收益。一般各地金融办公室、众多的创业和股权投资企业和基金以及会计和律师事务所等商务服务机构都可以做上市和并购的赋能和辅导以及专业化的服务。科技招商应该要追求形成由众多的创业和股权投资企业和基金以及会计和律师事务所等商务服务机构构成的服务生态。

第八节　发展创业投资和股权投资

创业投资和股权投资在如今的中国遍地开花、如火如荼。但在20年前，美国互联网创业如火如荼的时候，中国还没有创业投资和股权投资行业。深圳市创新投资集团有限公司成立于1999年8月25日，可能是中国最早的创投企业，但该企业真正把创投业务做起来可能应该是2002年后。我做这样的判断是因为深圳创投在腾讯最困难的时候并没有投资腾讯。2000年前后马化腾差点把QQ以低于1000万元的价格卖掉；2001年全球互联网股票崩跌后，广东电信、网易、新浪、搜狐等全都不愿意投资腾讯，最后是南非的投资公司MIH投资了腾讯50%左右的股权。MIH中国业务发展副总裁网大为看中了腾讯的用户资源，当他发现中国所有的网吧都装有QQ客户端时，他知道这家公司有可能成为了不起的公司。事实上，不但深圳政府没有投资和挽救腾讯，杭州市政府也没有投资阿里巴巴，中国这两家最大的互联网企业都是由国外的风险投资公司扶持做大的，都是真正的外商投资企业。

苏州最早的创投公司是中新苏州工业区园区创业投资有限公司，创立于2001年11月28日，是如今苏州元禾控股有限公司的前身。公司前董事长林向红是中国创投公司的元老，他告诉我：2001年，园区管委会主要领导和他聊到应该搞一个创业投资公司，后来果然就请他组建了园区创业投资有限公司。公司刚开张就与怡和创投合作投资，后来又与以色列最早的风险投资公司英菲尼迪公司合作投资。到 2008 年左右，公司业务已经遍布风险投资的种子期、创建期、成长期和成熟期等各个阶段，成为苏州科技招商的关键引力。

但直到 2010 年，苏州市还没有股权投资基金管理企业和股权投资基金。那年 2 月笔者写了一篇调研报告，指出京津沪都在招引外商投资股权投资基金和基金管理企业，而京津沪以外的城市基本都不接受注册股权投资基金和基金管理企业；笔者进一步指出国家没有任何文件说可以做股权投资基金和基金管理企业，但也没有任何文件说不能做。随后，苏州在江苏省率先发展股权投资基金和基金管理企业。近十年来，苏州的股权投资基金金额长期保持在南京与无锡之和的三倍多。

股权投资渗透进上市前企业股权的方方面面，跳出了创投企业投资初创企业的束缚，把一级市场投资聚拢成一个巨大的行业，也为招商引资提供了强大的引力场。

在股权投资基金里，有一类专门体现产业发展意图的基金可称为产业投资基金。通常，创业投资和股权投资主要运用于科技招商；但产业投资也可运用于传统招商。在我看来，招商引资转型升级的最有效的措施是建立反映地方政府招商意图的创业投资和股权投资企业和基金，其中需包括产业投资基金。政府投资的这些企业和基金还可以分为两种类型：一类是与市场化的私募股权企业和基金合资合作；另一类是纯地方政府国有的。

与市场化的私募股权企业和基金合资合作有两个好处：一是可以放大政府基金的总额。例如政府成立母基金，然后母基金再投资私募股权基金，并规定该私募基金需主要投资本地企业，这样对本地项目的支持总额就得到了放大。以苏州的产业投资基金为例，截至 2020 年二季度末，苏州市级共有 15 支政府产业引导基金，母基金共引导设立子基金 45 支，子基金投资企业近 400 家，直投基金投资企业超过 100 家，撬动社会资本后形成的投资总规模约为 220 亿元，放大财政资金超过 12 倍。二是可以借助私募股权企业和基金的专业力量来市场化地评估招商项目，提高投资成功率。

与市场化的私募股权企业和基金合资合作也有明显的坏处：私募股权投资企业和基金为了减少风险，对项目的评估偏向于苛刻，对本地区总体的战略需求也很少顾及。因此，地方政府应该也要有自己国有的股权投资企业，以期在招商引智中充分体现政府的意图。

在实践上，各城市在发展创业和股权投资上最应该参考借鉴的仍然是苏州。北京、上海、深圳都太特殊，不具有可复制性；合肥有可复制性，但合肥的做法对政府决策的压力太大，并且合肥在构建股权投资的市场生态方面还落后于苏州。苏州的基本情况如下：

苏州是创业和股权投资的首选城市之一。截至 2021 年 5 月初，苏州共登记私募基金管理人 429 家，备案私募基金产品 1580 只，管理基金总规模超 4000 亿元。苏州拥有中国第一只市场化运作的股权投资母基金：元禾辰坤母基金，也集聚了许多业内耳熟能详的知名母基金——苏州工业园区创业投资引导基金、相城母基金、苏州国发创投、苏州吴江东方国资等。目前总部位于苏州的母基金多达 15 家，占整个江苏省母基金的近 30%。

看看 2021 年前 7 个月苏州股权投资的成果：1 月 4 日，苏州创建了第一个天使母基金——苏州市天使投资引导基金，基金由市本级和各市、区共同出资设立，基金规模 60 亿元，专门投资种子期和初创期科技型企业。截至 5 月底，该基金已经有 22 只子基金通过投决，子基金总规模近 60 亿元，投资行业均为苏州市重点关注的战略性新兴产业。一季度，苏州共发生 90 起融资事件，同比增长 73.1%，融资金额 135.55 亿元，同比增长 232.3%。5 月初，苏州市人民政府印发《关于促进苏州股权投资持续高质量发展的若干措施》，致力于打造股权投资集聚区，提出完善私募基金募投管退环境。在 5 月 8 日的苏州国际股权投资高峰论坛上，5 批次共 26 只基金签约，涉及苏州天使母基金、乡村振兴基金、产业专项基金、母基金、苏州自贸片区 QFLP 基金等，签约总金额超 600 亿元。6 月 11 日，中信集团与苏州市人民政府签署战略合作框架协议；中信银行、中信证券、中信建投证券、中信医疗基金、中信资本等子公司与吴江区、相城区政府、市科技局、高新区管委会及元禾控股等分别签署10个子协议。7月11日，规模达100亿元的苏州高新阳光汇利股权投资母基金签约落地，首期规模30亿元的苏州纽尔利新策股权投资S基金成立。苏州高新阳光汇利股权投资母基金成为人民币市场第一只由保险公司大额出资的百亿规模母基金。7月22日，苏州市第201家上市企业在上海证券交易所科创板成功挂牌上市。至此，苏州上市企业数量突破200家。其中：境内A股上市公司160家，位列全国第五；科创板上市公司33家，位列全国第三。6月11日，苏州市召开金融业高质量发展会议，提出力争到2025年，苏州全市金融业增加值占地区生产总值比重达10%，持牌法人金融机构增加到20家以上，境内外上市公司超过300家、千亿市值上市公司总数超过5家、上市公司总市值达1.5万亿元，备案私募基金超过2500只，管理规模力争比2020年翻一番，超过7000亿元。

供讨论的问题

1. 招商对象的改变体现在哪些方面？

2. 招商优惠的改变体现在哪些方面？

3. 存在规划招商吗？

4. 镇政府能否成为主要的招商主体？街道办事处呢？

5. 为何说领导必须亲自招商？

6. 试对大型招商活动进行利弊分析。

7. 如何形成有利于招商的产业集聚效应？

8. 你知道美国加州和硅谷一带电子信息行业的RAP吗？如何通过RAP招商？

9. 对科技招商团队有哪些特殊要求？

10. 股权投资企业是否能够享受创业投资企业的政策？反过来呢？

第九章

开放型经济转型升级面临的体制机制障碍

第一节 体制机制障碍概述

1978 年中共十一届三中全会以来，中国的改革开放硕果累累。但也必须承认，中国改革成果的很大部分来自对现有国际规则和发达国家的既有体制机制的借鉴复制。由于中国共产党的坚强领导，无论是创造创新，还是借鉴复制的大多数改革都能在符合中国国情的基础上获得成功。但在改革开放 40 多年后的今天，能够简单地借鉴复制的改革措施已经极为罕见。即使在我国改革开放最前沿的自由贸易试验区，尽管改革成果数以千计，但其中绝大多数均为便利化措施，很难看到真正突破性的改革。究其原因，最主要的是容易进行的改革基本都做了，各级官员已经基本提不出多少具体的改革建议。过去，基层官员随便听取几个外商的建议就可以提出和争取完成一项重要改革，但现在，即使外商也已经提不出多少改革建议。2013 年左右，社会上曾经普遍寄望于改革的“顶层设计”，但由于中央各部委对基层情况不熟悉，对破除利益机制不积极，“顶层设计”并不如大家所愿。由于缺乏实质性改革措施，导致各单位、各部门都只能在工作报告中以大量使用形容词和副词来弥补不足。

所以，当前改革的关键在于找寻改革的需求，并在此基础上相应地提出改革的建议。而要了解改革的需求，就需要分析中国存在的体制机制障碍。

第二节　与意识形态相关的问题

中国和西方价值观的对立、修昔底德陷阱以及民粹化理念的冲突这三大因素都与意识形态相关。三大因素叠加中美贸易摩擦以及新冠肺炎疫情影响，使中国在国际地缘政治上替代俄罗斯处在了竞争和“对抗”的最前方。对智者而言，肯定是和为贵、和为好，即使草原上的雄狮也是要有充分的理由才会与其他的雄狮或鬣狗打架。但没办法，现在的中国正面临美国和西方国家处心积虑的打压。如果说，5 年前西方仅是“亡我之心不死”，那么现在西方“亡我之心”达到历史高点。美国和西方国家针对中国的竞争策略正在制定和形成中，高科技封锁、政治经济外交围堵等敌对行动正不断升级。

中国和西方价值观的对立

中西方价值观的对立有现实和潜在两个层次，在现实层次上是所谓民主与威权的对立，在潜在层次上是私有制与公有制的对立。在现实层次上，中国人现今拥有的民主已经高出很多，但由于中国没有美国式的一人一票选取领导人的民主，所以中西方价值观的对立普遍被认为是民主和威权的对立。在潜在层次上，马克思、恩格斯在《共产党宣言》中明确提出的消灭私有制的目标与美国等西方国家宪法中体现的保护私有财产的精神是根本对立的。

中西方价值观的对立看起来是无法调和的，但由于中国第 2 代和第 3 代领导人的睿智，这个问题在改革开放 40 多年来一直是被管控住的，并没有严重影响中国的崛起。这种睿智同样表现在两个层次：在现实层次上强调中国特色，美国式的民主并不一定适合中国，多种政治模式共存更有利于人类的生存和探索。最近 5 年来，中国人的制度自信达到新高度，这不仅是政治宣传的结果，而且是因为更多人看到一人一票式民主存在的问题和中国经济迅猛发展的成果。在潜在层次上，邓小平理论提出了社会主义初级阶段理论，“三个代表”重要思想又确立了中国共产党的立党之本，保证了党的先进性。这样，在社会主义初级阶段，《中国共产党党章》已经没有消灭私有制的表述，《中华人民共和国宪法》也已经明确要保护私人财产。这样，潜在的价值观冲突始终没有引起真正的冲突。

但中美贸易摩擦激化后，价值观问题被美国政客捡起来作为团结盟国对付中国的强大武器，利用价值观问题来孤立中国。

第三节　科技教育问题

在科技教育领域，突出的问题是培养不出大师级人才、国际尖端技术回避中国以及工业底层技术迟迟不能突破。

“为什么中国培养不出大师级的人才”是著名的钱学森之问

大师级的人才的认定标志是要有大师级成果。而大师级成果必须原创、要突破常人的思想、要有闪耀着天才星光的极度自由奔放的思想火花。但现今中国的教育和人才选拔机制并不支持激发这样的思想火花。一是教育改革忽视了培养尖端人才。来来回回折腾中的教育改革经历过兴办校办产业、高校扩招、素质教育、快乐教育、奥林匹克竞赛和培训的污名化，总体而言是趋向于普惠教育、忽视了对尖子人才的培育。因此，高考存在数理化逐步贬值、语文权重有所上升的格局，数学题出难了会招人骂。二是中国流行按干部级别定义个人成就和待遇。而干部选拔任用的诸多标准包括岗位历练、年纪和资历年限等，但唯独没有智商情商和创造力标准。三是日常规定动作的社会活动以及对于个人升迁前途的焦虑压抑了思想火花的迸发。

国际尖端技术回避中国

为什么国际尖端技术有意回避中国？一是因为独有尖端技术的拥有者无需参与全球化。在第一章我们分析全球化机理时，提到市场竞争导致企业必须要全球化布局生产和销售。但对于拥有独有的国际尖端技术的企业而言，技术就是其获得高额利润的“护城河”，因此这些企业无须随全球化把独有的尖端技术带到中国。二是包括美国、俄罗斯在内的《瓦森纳协定》40 个成员国对技术等实行出口控制，实际主要针对中国。三是因为中国的模仿复制能力特别强，国际尖端技术的拥有者害怕被抄袭模仿。对于国际尖端技术回避中国的问题，过去十多年最成功的应是进行跨国并购，即鼓励并购境外高科技企业，从而获得尖端技术。但中美贸易摩擦爆发后，美国和西方国家加强了对中国企业跨国并购案的审查，使得今后通过国际并购获得尖端技术的可能性大幅降低。

工业底层技术迟迟不能突破

主要指精密机床加工、基础特种材料、半导体等方面的技术始终与国际先进水平存在巨大差距。20 世纪 80 年代在精密机床加工、基础特种材料、半导体等方面存在的基础问题到今天依然存在。那时候国家各方面对解决这些问题的决心和措施其实都不亚于今天。

第四节　市场缺陷问题

社会主义市场经济是中国独创的。中国的市场一方面确实起到了自发和高效地调节资源分配和经济运作的作用，另一方面也存在明显的缺陷。这些缺陷主要表现为：医疗、教育、房地产对消费的挤出效应，低生育率和老龄化，不公平竞争泛滥，农村集体建设用地资源的低效运用，行业垄断程度高，以及“微笑曲线”揭示的问题。

医疗、教育、房地产对消费的挤出效应

虽然我国的全民医保已经在逐步实施中，但目前追求的也仅是基本的医疗保险覆盖，老百姓生不起大病、因病致穷仍然没有解决方案，因恐惧生病而不敢消费是普遍存在的问题。教育是有孩子的家庭最费钱的事项，原因：一是尚不能推行免费教育；二是名牌学校的入学竞争激烈，使得培训费用居高不下；三是自费出国留学费用巨大。房价历经 20 多年的高速上涨，已经成为压制消费和生育率的大山。医疗、教育、房地产对消费的叠加挤出效应使得我国向消费型社会的转型异常困难。

低生育率和老龄化将从根本上影响人力资源供给，使我国经济增长加速度成为负数

低生育率一是源于计划生育，二是源于医疗、教育、房地产对生育子女的挤出效应，三是源于现代社会中人们生育观念的改变。关于中国社会老龄化的程度可以盯住 1963 年出生人的年龄，因为我国出生在 1963 年的人口最多，当这批人 2023 年左右退休时，也是中国劳动人口大幅减少之年。

第五节　开发区管理体制问题

我国创办开发区的目的不仅是集约利用土地来吸引外商投资，还包括试验新的管理体制。从 1984 年以来，开发区也确实在管理体制创新方面做出了贡献。

从国家管理的层面看，广义的开发区分为经济技术开发区（简称经开区）和高新技术产业开发区（简称高新区）两种。经济技术开发区（Economic and Technological Development Zone）是中国 1984 年在沿海开放城市设立的以发展知识密集型和技术密集型工业为主的特定区域，后来在全国范围内设立。高新技术产业开发区（High-Tech Industrial Development Zone）是 1988 年由国家高新技术产业化发展计划——火炬计划确定开始建设的开发区，是以高新技术产业化为目的而设置的特定区域。截至 2021 年底，我国共有 230 个国家级经开区和 169 个国家级高新区。经开区由商务部负责管理和考核，高新区由科技部负责管理和考核。苏州工业园区既是经开区又是高新区。在经开区考核中，苏州工业园区连续数年为第 1 名；在高新区考核中，苏州工业园区排第 4 名。苏州工业园区之所以在高新区中仅排第 4 名，除高新区考核指标更注重人才、专利数量等科技软指标外，还因为高新区允许建立松散型、区块离散的架构。例如，北京所有的科技园都可以挂中关村的牌子，上海的都可以挂张江的牌子，这就放大了中关村和张江高新区的业绩。而苏州工业园区并没有统计园区以外、苏州以内的其他科技园区。

目前，开发区的管理体制可以有 5 种类型。

一、开发区管理委员会体制

在我国行政机构序列中，并没有开发区管理委员会这样一个机构。开发区管理委员会是作为当地政府的派出机构，行使政府对开发区的管理职能。相应地，中国共产党当地委员会在开发区设立工作委员会，统一领导开发区工作。由于实行开发区管理委员会体制的开发区并非一级行政机构，因此就没有相应的开发区人民代表大会和政治协商会议。开发区管理委员会体制的最显著特点是行政管理人员高效精简，原因一是少了人大、政协两套领导班子；二是部门机构数量少，可以一个部门对应好几个上级部门；三是人员编制、待遇等方面可以比公务员制度更加灵活。

二、政府体制

整个开发区变成一个行政区域，必须要有党委、人大、政府、政协四套领导班子。此类开发区比非开发区的行政管理人员更加高效精简，因为部门机构数量可以少，可以一个部门对应好几个上级部门。

三、国有企业管理体制

开发区内不设立专门的行政管理机构，由担任开发的国有企业处理招商引资、开发区规划、土地出让等事宜。

四、私营企业管理体制

开发区内不设立专门的行政管理机构，由担任开发的私营企业处理招商引资、开发区规划、土地出让等事宜。

五、法定机构管理体制

法定机构是依特定立法设立，依照国家有关法律、法规、规章规定进行监管，具有独立法人地位的机构。法定机构可以是企业。如果开发区内不设立专门的行政管理机构，而由人大立法赋予特定的法人机构管理开发区的职能，则此开发区为法定机构管理体制。

比较和分析以上 5 种类型的开发区管理体制，可以得出如下结论：法定机构管理体制最激进，因为可以最大限度地突破现有人员管理的规定。作为法定机构的企业可以给予职员超过公务员待遇的薪酬，可以招聘境外雇员。但在统筹推进“五位一体”总体布局、协调推进“四个全面”战略布局，全面深化改革开放等方面难以做得很到位。深圳前海实行的是法定机构管理体制；国有和私营企业管理体制的优点是机制灵活，薪酬待遇可以随业绩大幅提高。缺点是缺乏战略眼光，过于重视招商项目的开发效益而忽视了财税效益。上海浦东的金桥、外高桥、张江、陆家嘴等开发区在建区初期均实行国有企业管理体制。目前，有一些开发区内的特定区中区、园中园交由私人开发和招商，类似于私营企业管理体制；政府体制是最正规的行政管辖，但机制不够灵活高效，内耗比较严重。上海浦东新区、苏州高新区都是政府管理体制。开发区管理委员会体制既高效灵活又足够权威，是目前最理想的管理体制。全国绝大多数开发区都使用管委会体制。

开发区管理委员会体制经过 38 年的高效运转也产生了一些体制机制问题，主要表现为对人才吸引力的下降以及开发区体制机制回归问题。

开发区管委会对人才吸引力的下降囿于大多数管委会正式编制人员的身份未获明确。按道理，既然是地方政府的派出机构，那么管委会就是政府机关，管委会正式编制人员就应该是公务员。但由于地方政府的公务员编制是被严格控制、基本不增加的，而开发区是在地方政府的辖区内新建的一个新区域，该区域由于经济规模巨大需要有众多的管理人员，这样地方政府根本没有这么多的公务员编制来给予开发区管委会。在全国范围，这种情况比较普遍。一个可行的解决办法是国家给开发区管委会专门拨一批公务员编制或专门制定人员管理办法，但目前，国家尚未明确开发区正式编制职工的管理办法。因此，目前开发区正式编制职工既未明确为公务员身份又被以公务员工资标准限薪，可以说是只得到公务员的坏处而未得到公务员的好处。这就大大降低了开发区管委会对人才的吸引力。

开发区体制机制回归问题对应的主要是因业务量增大以及员工升迁诉求压力而带来的人员和机构膨胀的压力。在城市中，经济增量主要来源于开发区，因此随着时间的积累，开发区管理的业务量大幅增长，管委会的人员需求就会不断增长。员工升迁诉求在任何单位都存在，开发区里工作的干部自然会希望建立人大和政协领导机构，也自然希望把对应几个上级部门的开发区大部门改成小部门，这样开发区就会增加更多领导岗位。这样，开发区要求增加人手、增加领导职数、增加工作部门的内部压力一定会持续存在。开发区体制机制回归的压力需要靠地方党委、政府来平衡和抑制。

平衡和抑制开发区体制机制回归的压力应更多地从提高开发区管委会工作人员奖金待遇上考虑，应该尽量少地牺牲开发区人员精干、高效精简的体制优势。应该鼓励开发区人事管理制度改革。

第六节　行政管理体制问题

本书第六章第一节指出：在中国，市县政府的发展欲望最强烈、推动经济发展的动力最充沛。因此在中国城市之间的激烈竞争，是推动经济发展的最积极动力。但城市之间的竞争并非公平的，主要表现在城市的行政级别和财税分成。

中国现有北京、上海、天津、重庆 4 个直辖市，青岛、大连、宁波、厦门、深圳 5 个计划单列市、15 个副省级城市（包括 5 个计划单列市和广州、南京、武汉、沈阳、西安、成都、济南、杭州、哈尔滨、长春 10 个省会城市）以及 300 多个地级市和 1300 多个县级市和县。直辖市、副省级城市、地级市以及县级市的市长的职级分别为正部职、副部职、正厅职和正处职。县级市和县的党委书记、市长兼任当地国家级开发区党工委书记、主任的，则按国家级开发区的职级定为副厅职。直辖市、副省级城市、地级市以及县级市的其他干部的职级从市长的职级依次向下走台阶确定。这样，上海、南京、苏州、昆山四地的发展改革委主任的职级分别为正厅、副厅、正处和正科，同样为发展改革委主任，但职级相差很大，这样在对外联络、接待、开会、谈判等所有公务事项中，四种类型城市所得到的机遇也会相差很大。

城市行政级别的不同，不但导致城市官员的职级不同，也导致城市能级的不同。比如，青岛、大连、宁波、厦门、深圳 5 个计划单列市可以由市科技部门牵头评定当地的高新技术企业；而广州等 10 个副省级城市以及苏州等 300 多个地级市都需由省科技厅牵头评定当地的高新技术企业。由于省科技厅要面向全省企业，因此评定时间就比较长、难度也比较大。而企业一旦评上高新技术企业，所得税税率就能从 25% 下调为 15%。所以，计划单列市的企业更容易获得政策优惠。

现有超强的行政管理体制下，行政配置资源经常发生或大量发生，使得市场难以在资源配置中起到决定性作用。一年一度确定的政府债务额度、建设用地额度、贷款额度、能耗强度等都属于行政对资源的配置。

行政管理体制对市场公平性的损伤还来源于现有的分税制财政管理体制。根据现有的分税制财政管理体制，企业和个人缴纳的税收中，中央政府按基本统一的比例拿走一部分，余下的由地方政府所有，并由省级政府与省内各城市协商后确定。通常省级政府是按各城市上缴税收的一定比例收缴一部分税收后，将地方政府获得的其余税收分配到各城市。计划单列市保有所有的地方政府税收，不需向省政府上缴税收。例如：苏州需要把财政一般预算收入的大约 20% 上缴江苏省政府；而深圳可以保有全部的财政一般预算收入。苏州与深圳财税上缴的区别，大体上等同于全国除直辖市和计划单列市以外所有城市与直辖市和计划单列市的区别。也就是说，中央与省级政府的分税制制度客观造成了城市间的不公平竞争。20 个百分点的财政一般预算收入是非常巨大的。由于中国城市在招商引资、科技创新的促进等方面是最积极主动的力量，并且城市间竞争异常激烈，而财税激励对于招商引资和科技创新的促进是最关键和有效的手段，所以 4 个直辖市和 5 个计划单列市客观上具有对高端项目的财税虹吸效应。

省级财政在各城市财政一般预算收入上切取部分蛋糕后所获得的省级财政资金，除用于省级机关开销外，主要用于向各城市以及各城市的项目做转移支付和专项支付。一般省会城市以及省内的经济发展相对落后的城市获得的省级转移支付更多，很多省会城市以及省内的经济发展相对落后的城市所获得的省级转移支付要大于其向省级财政上缴的税收。

所以，在现有的分税制财政管理体制下，直辖市和计划单列市由于不需上缴省级税收，所以财税竞争力最强；省会城市由于得到省级财政的重点支持，因此虽然要上缴省级财政，但得到的省级财税也较多，总体上财税竞争力较强；经济发展相对落后的城市不但能得到中央财政的转移支付，也能得到省级财政的转移支付，所以财政扶持较多。而量大面广的地级和县级城市由于需要贡献省级财政，所以竞争力显著低于直辖市和计划单列市。

苏州是典型的富裕地级市和非省会城市。苏州市需要把财政一般预算收入的大约 20% 上缴江苏省政府，江苏省政府每年把其中的大约 20% 用于苏州，因此苏州实际每年需要把财政一般预算收入的大约 16% 上缴省政府。2020 年苏州市财政一般预算收入为 2303 亿元，其中上缴省政府 460 多亿元，而省政府用于苏州不超过 100 亿元。相比较而言，深圳市每年仅需上缴广东省政府 20 亿元。也就是说，苏州每年要比深圳向省政府多上缴 360 亿元财政收入；4 个直辖市和 5 个计划单列市财税获得比例要高于苏州等富裕地级市城市 15 个百分点。

近年来，江苏省要求苏州解放思想，“突破地级市思维”，不能让行政等级成为发展的能级限制。苏州市也不断地顽强努力，在现有行政管理体制的级别约束和财税分成引致的不公平竞争难以克服的情况下，持续优化营商环境，通过“做大蛋糕”来弥补“蛋糕获取比例”的劣势，为探索更具有可复制推广性的城市开放型经济发展模式做出了表率。

第七节　深圳与苏州竞争的往事

本书第六章第二节和第三节分别指出：改革开放以来全国发展最快的城市是深圳；1996 年至 2010 年间全国发展最快的城市是苏州。那么在苏州发展更快的 21 世纪头十年，深圳是否感受到苏州追赶的逼迫呢？答案毫无疑问是肯定的。

表 9.1 是 2002 年下半年深圳市书记、市长带队的党政代表团考察苏州市时看到的数据。

表9.1　2002年上半年苏州与深圳数据对照表　　单位：%

	国内生产总值（亿元）	同比	财政收入（亿元）	同比	固定资产投资（亿元）	同比	实际利用外资（亿美元）	同比
苏州	1227.6	17.5	191.7	34.8	658.4	83.6	35	70.8
深圳	1172.8	15.9	136.7	16.9	383.06	20	19.9	5.5

2002 年上半年，苏州市 GDP 和财政收入均超过深圳。特别重要的是，固定资产投资和实际利用外资这两个反映发展后劲的最重要指标，均显示苏州几乎是深圳的 2 倍。

改革开放以来，深圳从一个小渔村发展成大城市，一直在赶超其他城市，从来没有其他城市能够反超深圳。为了不被苏州赶超，深圳的领导们回去后立即商量对策，采取措施。事后看来，支持深圳不被苏州赶超的如下三大措施起到了有效遏止苏州赶超的作用。

一、短期措施

国家统计局在 2003 年左右改革 GDP 统计办法，大幅增加了服务业统计值。

二、中期措施

2004 年左右深圳市向国务院提出申请，成为迄今为止全国唯一一个没有农民和农村的城市，从而深圳可以将所有的农村建设用地转为一般建设用地，并大规模地将农用地转变为建设用地。这样，当 2005 年苏州市年建设用地以十倍数大幅缩减时，深圳新获得了大量建设用地，从而在招商引资中获得了极大动力。前几年网络上曾经有一篇文章，其中提到深圳更加注重集约发展，深圳以亩均 GDP 衡量的土地集约利用率全国第一。但作者可能不知道，造成此现象的一个重要因素是国务院唯一地给予深圳的特殊优惠政策，使深圳除保留少量永久耕地外，无须保留农村建设用地和一般农用地。

三、长期措施

在 2002 年下半年以前，全国各地一直在推行科教兴国战略。早在 1998 年 2 月 26 日，“中国 · 苏州留学人员创业园”就在苏州新区成立。这是国内首家冠以“中国”字样的留学人员创业园。“中国 · 苏州留学人员创业园”是由中国留学服务中心、国家科委火炬办、江苏省科委、江苏省人才流动服务中心、苏州市政府、苏州新区管理委员会共同创办的，这 6 家单位还共同出资成立了苏州火炬高新技术投资及担保管理公司。尽管如此，在 2004 年以前，苏州市并未全力以赴地推动创新驱动。率先真正地把创新驱动列为主要工作加以大力度推动的是 2002 年下半年的深圳市委、市政府。深圳大力度推行创新驱动比苏州早 1 年～ 2 年。创新驱动使深圳获得了发展的不竭动力，是深圳摆脱苏州的追赶并大幅领先于苏州的关键因素。

虽然苏州大力推动创新驱动比深圳晚 1 年至 2 年，但苏州在创新驱动上也是成效卓著。单苏州工业园区在 2005 年就有一半的招商人员改作科技招商。至 2011 年，全国做创业投资和股权投资的专业投资者在实际投资项目前，基本都要先到苏州考察一番，因为当时的科创项目主要集中在北京、上海以及深圳和苏州。

但 2011 年以后全国各地大力推动创新驱动的城市骤然变多。杭州、南京、成都、重庆、武汉、合肥等城市均加大了对科技初创项目的争夺力度。与过去吸引跨国公司项目是以土地供应为主要因素不一样，对科技初创项目的争夺中，地方政府的财税补贴才是最重要的因素。因此，在对创新驱动项目的争夺中，财税留成比例高的深圳对于苏州具有绝对的优势。

图 9.1 很明显的喇叭口形状表明，从 2010 年起，苏州逐渐被深圳拉开距离。

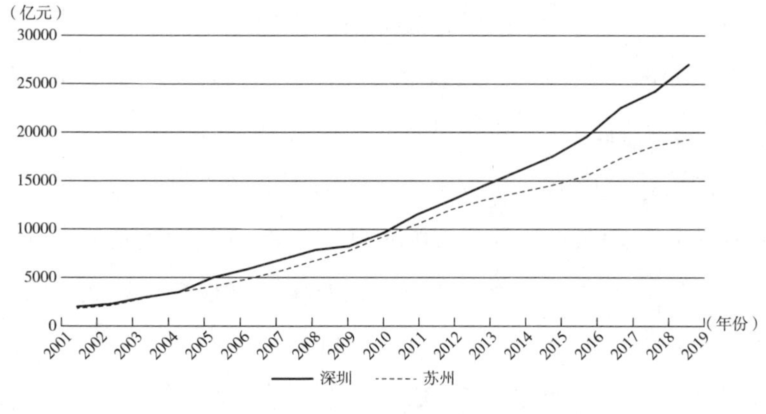

图 9.1　2001—2019 年苏州与深圳 GDP 对照表

资料来源：苏州市和深圳市统计局的GDP统计数据。

（一）苏州被深圳拉开距离有三大原因

1. 深圳财税留成比例比苏州高约 15%

对此上一节专门有说明。为此苏州每年要比深圳多向省政府缴纳 400 多亿元。如果苏州把这 400 多亿元都用来补贴招商项目，那经济发展会进步很快。特别重要的是，即使是对特别好的龙头项目和关键技术项目，招商上承诺的财税返还也不能超过当地政府从该项目中取得的实际税收，否则项目做成负收益肯定说不过去。对此类在苏州是负收益的项目，在深圳完全可以是正收益，因为深圳从该项目上获得的留成比例比苏州高 20%。换句话说，如果深圳和苏州争夺同一个项目，深圳只要把财税返还比例提高到苏州的极限就能轻易获胜。

笔者曾经把上述观点说给深圳的一个专家听，当时他的回答是：虽然深圳每年只上缴广东省政府 20 亿元，但广东省还要求深圳援助粤北贫穷城市，因此，深圳花给广东省的资金远大于 20 亿元。对此回答笔者并不赞同，殊不知苏州每年在上缴省政府 400 亿元左右外，还需承担另外援助苏北的任务。苏州在苏北设立了 10 个左右的开发区，苏州对口支持的宿迁市的经济总量已经与沿海开放城市连云港市不相上下。当然，深圳除接受广东省指令援助粤北城市外，也接受国家任务援助中西部地区和扶贫。但苏州在这方面的花费绝不比深圳少。事实上，苏州用自有资金有效援助了贵州、陕西、新疆、西藏、辽宁等省或自治区的部分市、县。

在对跨国公司招商时，财税留成比例的不公平并没有为苏州带来显著弱势，因为跨国公司最在意的并非财税返还；而对科技创新企业以及总部经济企业而言，财税返还是最主要的考量，此时深圳财税留成比例绝对领先于苏州的优势使得苏州很难与深圳竞争高端项目。

2. 深圳有更多的先行先试政策

深圳作为经济特区，本来就有许多特殊优惠政策。2010 年 8 月国务院批复《前海深港现代服务业合作区总体发展规划》后，深圳前海又获得一些新政策。深圳前海的特殊政策包括：15% 企业所得税政策，对境外高端人才和紧缺人才取得的由当地政府按内地与境外个人所得税负差额给予的补贴，免征个人所得税政策。

3. 2011 年以来苏州以笔记本电脑为代表的 IT 产业向中西部大量转移

虽然深圳一直以来都有工业产能向中西部的转移，但其规模并不像苏州笔记本电脑产能转移这样集中。笔者估算，苏州近 10 年来每年转移的产能在 3000 亿元以上。

4. 深圳的行政级别更高

深圳是副省级城市，享受了更多的市场利益。例如，与苏州邻接上海一样，深圳邻接香港特区。但深圳可以与香港特区进行比较对等的合作，比如共同举办招商会、相互挂职交换公务员等，但苏州很难与上海对等合作。苏州从来未能与上海共同举办招商会。

（二）深圳与苏州的差距可能将继续拉开

1. 在中美竞争白热化的新的国际地缘政治条件下，中国越来越承受经济“脱钩”的压力

美国推动构建的国际“去中国化”的新供应链将以东南亚为主阵地，而深圳最靠近东南亚，能够更好地融入东南亚供应链。笔者 2019 年曾去广西崇左考察，发现与越南连接的友谊关出口的货物大多来自珠三角。因为从深圳出口的货物能够 24 小时内运到越南北方。

2. 中美贸易摩擦对苏州的冲击大于深圳

2018 年苏州市对美国出口 578.3 亿美元，比上海多 103.7 亿美元，比深圳多 217.2 亿美元。虽然，华为受到美国的直接打压不利于深圳，但苏州的影响更加量广面大。而且，华为的半导体在上海和苏州也有很强的存在。

3. 深圳在政策上继续占先

除刚才提到的所得税政策外，往小了说，深圳有自由贸易账户等苏州没有的政策；往大了说，深圳还可能向东莞等地扩容。2021 年 9 月，中共中央、国务院印发《全面深化前海深港现代服务业合作区改革开放方案》，前海合作区总面积由 14.92 平方千米扩展至 120.56 平方千米，前海现在已经扩容了 8 倍。此外，在创新驱动越来越成为深圳和苏州发展的主要动力的情况下，深圳财税留成比例高于苏州近 20 个百分点的巨大优势仍将拉开深圳与苏州发展的差距。

供讨论的问题

1. 请发现、归纳和总结现有的体制机制障碍。

2. 请思考和解释“修昔底德陷阱”的自我强化效应。

3. 一方面喊打喊杀的“爱国”民粹高涨，另一方面又“伪娘”盛行，这两种矛盾的社会现象为何同时存在？哪一种现象包含更多的虚假成分？

4. 说真话和说领导愿意听的话，哪个更容易？哪个更有益？哪个更忠心？

5. 请为培养钱学森之问中的大师级人才献计献策。

6. 在科学技术不断带来新发展以及中美收入差距仍然相差 5 倍的有利于中国发展的条件下，我国即将出现人口负增长。这两种正反因素将如何影响中国的 GDP 增幅？将来的增幅有可能为负吗？

7. 现有的乡村振兴国家战略所包含的政策能够解决农村集体建设用地资源的低效运用问题吗？

8. 试分析海南自贸港“对鼓励类产业企业生产的含进口料件在海南自贸港加工增值超过 30% 的货物，经‘二线’进入内地免征进口关税”的政策，你能够反向思维，设计一个利用该政策在海南投资、打垮内地相关企业、占领国内市场的投资项目吗？

9. 如何抑制开发区因业务量增大以及员工升迁诉求压力而带来的人员和机构膨胀的压力？

10. 深圳与苏州税收上缴中央的比例是否一样？上缴省政府的比例是否一样？

第十章

2020—2030年的城市开放型经济发展模式

进入2020年，突如其来的新冠肺炎疫情中断了中美贸易摩擦进程，我国短期出现了因境外供应链瘫痪而骤然增大的外贸出口。但从长期来看，新冠肺炎疫情不是减缓而是进一步放大了中美摩擦，国际地缘政治的恶化将给我国经济发展带来严峻挑战。这种挑战的严峻程度在现今是被低估的，因为许多国人以为2020年1月签署的中美第一阶段经贸协议规定了美国取消对中国2500亿美元出口商品加征的关税。事实是，第一阶段经贸协议规定的中国在2021年底前增加进口2000亿美元美国商品并不以美国取消对中国商品加征的关税为前提，其真实对价是美国不再深化贸易摩擦，包括不对剩余的3000亿美元中国出口商品加征25%关税以及不对所有中国输美商品加征45%关税。因此，在2021年年底前中国可能无法完成增加进口2000亿美元美国商品的情况下，中美贸易摩擦存在深化危险。

但2021年9月24日孟晚舟重获自由表明中美两国领导人能够在重大争端中达成某种和解。拜登政府秉持的“该竞争时竞争，能合作时合作，须对抗时对抗”的原则确实被付诸实施。从表面上看，该原则也可套用到1989年6月以来的美国所有对华政策，但由于贸易摩擦以来美国政界已经一致地将中国视为美国的“头号竞争对手”，因此该原则的核心是强硬遏制中国，这与贸易摩擦前的美国对华政策完全不同。尽管如此，由于该原则与特朗普时期“与中国脱钩”的设想相反，因此中国城市的开放型经济仍将大有作为。即使未来特朗普一类的美国政治家重掌政权并推行“脱钩战略”，在努力办好自己的事情、坚持改革开放、构建双循环新发展格局的总体框架下，中国城市的开放型经济亦将大有作为。

第一节　坚守开放型经济的规模

今后很长一个时期，中美竞争将贯穿始终。因此中国对美国出口以及美国对中国投资总体上必定受到抑制。这种抑制将直接缩减我国开放型经济的规模，造成 GDP 的减量效应。也正因如此，2020—2030 年，开放型经济的首要任务是坚守既有规模，保护既有市场、开拓新市场，维持国际双向投资的活跃度。像上海、深圳、苏州这样对美国年出口数百亿美元的城市，必须要认真应对国际产能转移和国际资本的逆行，坚守出口总规模，始终走在全国、全省前列，主要指标保持在全国第一方阵，排名稳中有进。

“六稳六保”即稳就业、稳金融、稳外贸、稳外资、稳投资、稳预期和保居民就业、保基本民生、保市场主体、保粮食能源安全、保产业链供应链稳定、保基层运转，是中共中央政治局会议分别于 2018 年 7 月和 2020 年 4 月提出的。要做到“六稳六保”，首先必须坚守开放型经济的既有规模。关于如何做到“六稳六保”，全国自上而下已经有几年的部署和实践，这里不重复叙述。

在美国对我国 2500 亿美元输美商品加征 25% 关税以及 1500 亿美元商品加征 7.5% 关税的情况下，中国对美国的出口在 2019 年、2020 年以及 2021 年前 8 月分别增长 –12.5%、3.5% 和 33.3%，而我国出口的增幅在同一时间分别增长 0.5%、7.9% 和 33.7%。对美出口尽管低于全国平均水平，但总体而言，我国成功坚守了开放型经济规模，为“六稳六保”奠定了基础。尽管取得该成就在 2020 年前主要是因为企业赶在美国海关加征关税前突击出口，以及 2020 年以来境外供应链的瘫痪，但考虑到这是在人民币对美元的汇率没有显著贬值的情况下取得的，其基本显示了中国有能力在美国现有的遏制措施下坚守开放型经济规模。虽然预计世界范围内新冠肺炎疫情被控住后，中国出口规模可能会受到产能转移的负面影响，但考虑世界经济增长带来的增量以及我国还具有人民币贬值的应对武器，因此中国有能力在美国现有的遏制措施下在2020—2030年坚守开放型经济规模。

变数存在于美国特朗普主义重归执政的可能性。因为在不能获得显著缩减贸易逆差的情况下，特朗普可能会采取2016年竞选时扬言的措施，对所有中国输美商品加征45%的关税。在加征45%关税的情况下，中美将近乎在贸易上脱钩，这对中美双方都具有巨大的杀伤力。此时我国坚守开放型经济规模几乎不可能。但所幸中美第一阶段经贸协议已经为双方走出该陷阱提供了解决办法。

值得关注的是，区域全面经济伙伴关系协定（RCEP）已经于2022年1月1日实施，中国已经于2021年9月16日正式申请加入CPTPP。此两项措施战略意义重大，因为加入RCEP和CPTPP将能保护中国在广大市场的竞争力。哪怕中美在贸易上被脱钩，中国仍将保持对国际市场的强大渗透力。

对2020—2030年的城市开放型经济而言，重视并大力促进出口创汇将是基础性工作。

第二节　聚焦高质量发展

高质量发展是2017年中国共产党第十九次全国代表大会首次提出的新表述，表明中国经济由高速增长阶段转向高质量发展阶段。高质量发展包含转型升级，但比转型升级具有更多内涵。首先，高质量发展还包括提出新的目标、宗旨和方法论，包括开辟全新的领域；其次，高质量发展还包含广泛的结构优化，是全面的自我完善。由于本书第七章已经完整论述了开放型经济的转型升级，因此本节主要论述高质量发展的新目标、新宗旨和新的方法论，以及开放型经济的结构优化。

从发展的目标看，高质量发展不以发展本身为目标，而是以满足人民日益增长的美好生活需要和全面建成社会主义现代化强国为目标。从发展的宗旨看，是要给人民群众带来更多的获得感、幸福感、安全感。从发展的方法看，是坚持质量第一、效益优先，不断增强我国经济创新力和竞争力。从发展的理念看，就是使创新成为第一动力、协调成为内生特点、绿色成为普遍形态、开放成为必由之路、共享成为根本目的。从发展的具体措施看，建立健全绿色低碳循环发展的经济体系将在光电、风电、储能、氢能、电网建设等领域开辟新的发展空间；强化对高端制造业、现代服务业以及科技型和总部型项目的招商，将为开放型经济锚定新的重点；深化体制机制创新、经济与科技协同发展以及产城融合，将为城市发展带来新的动力。

关于开放型经济的结构优化，包括实现出口与进口、货物贸易与服务贸易、“引进来”与“走出去”的协同发展。注重出口对经济的提升作用，千方百计促出口；注重培育进口公司和进口分销业务，形成进口产业群；全面深化服务贸易创新发展，加快形成服务出口竞争新优势；鼓励支持企业积极走出去，提升企业获取境外资源、市场和技术的能力，帮助企业深入境外产业链。促进对外贸易和国际经济合作的结构优化和业态创新。大力促进跨境电商、数字贸易、离岸贸易等外贸新业态的发展，加快培育外贸新动能；大力发展对外工程总承包业务；悉心培育中国本土的跨国经营公司。建设开放水平更高、创新能力更强、附加价值更大的产业链、供应链和价值链，发挥外资对建链、补链、延链、强链的支撑作用，更充分利用外资溢出效应。

第三节 构建国内国际“双循环”发展新格局

构建以国内大循环为主体、国内国际双循环相互促进的新发展格局，是党中央提出来的新要求。2020—2030年城市开放型经济必须把加快构建以国内大循环为主体、国内国际双循环相互促进的新发展格局作为主要任务。

要形成双循环发展格局，首先需把两个循环都做起来，然后在两个循环的相互促进上做足功夫。

国内大循环的基础是中国超大规模市场优势、完整工业体系优势，中国又有长三角经济圈、京津冀经济圈、珠三角经济圈、东北经济圈、西三角经济圈、长江经济带等地区产业和市场梯度差优势，因此国内大循环有巨大的空间深度和内容丰富度。有这样优秀的基础，中国特色的社会主义市场经济本身一定会驱动市场主体加入构建和丰富国内大循环。中央政府的作为主要是确保市场发挥作用、打通市场梗阻、消除垄断和不公平竞争。地方各城市的作为主要是保证中央政府的政令畅通、拆除制约市场一体化的地方梗阻、刺激当地消费、提升城市的市场主体在内循环中的竞争力。其中，真正能帮助城市在内循环构建和发展中实现超越的是提升城市的市场主体在内循环中的竞争力。为此，地方政府一要推动和帮助本地产商品在全国各地销售；二要吸引外地民众来本地消费。笔者曾经向苏州市领导建议建立遍布全国各大中心城市的姑苏会馆网络：市政府联合全市十大市县区板块，在全国各大中心城市的热门场所购买1000平方米左右的商务用房，挂牌姑苏会馆，帮助苏州的企业在当地推销产品。该举措有助于促进苏州最终产品在当地的消费、帮助苏州的工业中间品进入当地下游市场。遍布全国各大中心城市的姑苏会馆将显著提升苏州企业融入国内大循环的能力，极大提升苏州吸引面向国内市场销售的投资项目的吸引力。如果苏州十大板块每个板块每年负责购买一个会馆，则两年时间内就可以基本构建网络的框架，5 年内可覆盖 50 座城市。由于目前商用房价格不振，从长远看，购买的会馆更多可能是显著升值。

国际大循环的基础是中国 40 多年对外开放在货物和服务进出口、国际双向投资、产业链和供应链构建、人员往来、货币流通、技术交流等方面的既有成就。中国参与国际大循环的既有成就非常巨大，但目前也面临两大问题：一是在高新技术、价值观和意识形态、文化教育等领域中国一直未能真正进入国际大循环；二是中美贸易摩擦引发的中美激烈竞争，可能大幅削弱中国参与国际大循环的能力。第一个问题中国可能在 2030 年以前都无法解决。第二个问题则正是中国目前面临的最严峻挑战：美国正试图围堵中国、裂解中国供应链、另建非中国供应链。中国城市的开放型经济在迎接该挑战中的表现将直接决定城市在 2020—2030 年的发展前途。

迎接该挑战，地方政府首先需学习开放型经济的原理，明白在中国已经加入世贸组织的大环境下，在不发生战争和战争挑衅行为的情况下，谁都无法将中国与世界隔离。为此，要坚定不移地继续发展开放型经济。一要以全球化视野布局开放型经济，持续找寻国际大循环的谐振点。例如，苏州市在海峡两岸、中新、中德、中美、中日、中国东非等双边合作中取得了谐振。二要不断提升当地融入国际供应链企业的竞争力，作出中国供应链的超高效率，使得供应成本显著低于境外非中国供应链。三要更加主动积极地融入“一带一路”倡议，加强与“一带一路”沿线国家和地区以及中国签署参与的自贸协定合作伙伴之间的全方位联动，深入开拓国际市场，加强国际产能合作，鼓励中国现有供应链企业通过境外投资向境外非中国供应链渗透。四要探索在困难中深化中美经贸合作。从维护出口市场、增加自美进口、缩减贸易顺差、扩大对美服务贸易、帮助对美出口企业开拓国内市场和国际非美市场、应对产能转移、促进双向投资、加强人才交流、强化知识产权保护、履行双方经贸协议、争取民心民意、开放型经济转型升级等方面进行全面探索。五要研究扩大结构性贸易融资，鼓励与贸易相关的融资，设计和鼓励与出口分期付款相匹配的保险和买方信贷产品，设计离岸贸易融资产品。六要建立省、市、县对重大招商项目的一事一议机制。对重大招商项目，可以就此单一项目达成新的省、市、县财税分成安排。省、市、县均需建立这样的机制，提升招商成功率。

在深入融入国内国际双循环的基础上，要做足产业链文章并深化内外贸一体化改革。

做足产业链文章，首先要在产业链建链、补链、延链、强链上做文章，综合运用招商引资、配套投资、改造提升、科研攻关、孵化培育、市场引领等系列手段。其次，根据美国鼓励发展非中国供应链的情况，鼓励本地企业通过境外投资融入非中国供应链。同时，千方百计提升中国供应链的竞争力，使得跨国公司最终弃用或减少使用非中国供应链。

内外贸一体化改革是不同于“境内关外”思路的新举措，是与中央构建国内国际双循环新发展格局的要求相适应的贸易改革方向。可以在如下 3 个方面持续开展探索和实践。

一、推进海关特殊监管区内外贸一体化改革

苏州 2014 年以来首先提出和试验的综合保税区内外贸一体化改革已经在 2021 年初在全国复制，下面还需进一步深化。一要取消根据综保区内一般纳税人按内销比例征收进口设备关税的做法，实施综保区内所有进口设备免关税的政策，提升综保区内生产制造企业相对于东南亚和印度的海关特殊监管区内的企业的竞争力。二是对境外货物入区，允许企业自行选择保税进口或完税进口；对境内区外货物入区，允许企业自行选择出口退税或不出口退税。三要取消对内销进口原辅材料征收保税期间利息的做法。四要免征综保区内一般纳税人企业的城市教育附加费。

二、推进内贸支付方式改革

按理说，内贸销售的收付款应该比外贸容易得多，毕竟外贸是国际跨境的。但由于外贸上有国际成熟的信用证支付方式以及中国出口信用保险公司的政策性出口信用保险，由于内贸企业的诚信度参差不齐，内贸销售的收付款反而更具风险，是中国国内贸易的最大瓶颈。淘宝由于在 B2C 交易中实施了先让消费者付款到第三方淘宝支付宝平台账户，再等消费者确认收货后由淘宝支付宝平台账户付给卖家的新的支付方式，业务获得飞速发展。在我看来，淘宝成功的关键在于 B2C 支付方式的改革创新。本来，解决中国内贸销售的收付款难的问题可以简单借鉴淘宝、支付宝的支付方式，但实际 B2B 内贸交易要比淘宝 B2C 交易复杂。例如，B2B 内贸交易的金额要比淘宝、支付宝大得多，如果第三方账户平台出现卷款逃跑、安全漏洞等问题，将直接影响国家的安全稳定。为此，苏州的上市公司保税科技发明了一套新的支付方式，即买家把钱先汇入与保税科技以及买卖方签署有协议的特定银行的自家账户，待买方确认收货后，钱再转入卖家账户，在交易期间，买家只有经过保税科技同意才能从这个账户里取钱。由于保税科技掌握买家的仓储货源信息，因此能够确保货物交接和首付款的紧密衔接。实践中，保税科技每年经手的账户交易金额已经超过阿里巴巴淘宝的交易。尽管如此，大量的 B2B 交易并没有依托像保税科技这样详细掌握客户货源信息的第三方平台，对此类交易还需进一步探索可靠的支付方式。可以设想的改革包括：银行模仿国际贸易，为内贸开信用证；也可将中国出口信用保险公司在出口信用险产品上的经验复制到内贸领域，设计相应的法律保障措施，推广内贸信用销售保险。

三、大力鼓励出口转内销和内销转外销

内销和外销在销售对象、资金支付方式、货物运输交付、售后服务、品

牌推广等方面差别极大，有太多的外贸企业不敢做内销，也有太多的内销企业没有外销渠道。大力鼓励出口转内销和内销转外销不但是构建双循环发展格局的应有之义，也对经济和企业发展具有倍数效应。国家和地方政府应该主动积极、认真细致地建设有助于出口转内销和内销转外销的市场环境。

四、把实施扩大内需战略同深化供给侧结构性改革有机结合起来

聚焦产业结构、区域结构、要素投入结构、排放结构、经济增长动力结构和收入分配结构等六个方面，降成本、补短板、提升城市开放型经济竞争力，提高全要素生产率，使供给体系更好适应需求结构变化。内循环要为城市更好地参与国际大循环提供坚实的产业基础和市场保障；国际大循环要对国内大循环起优化和带动作用，为国内大循环的不断升级提供有力支撑。

第四节　融入国家战略

国家战略，就是以国家名义制定的事关全局的长期构想、计划和措施。对中国而言，目前并没有国家层面对中国现有国家战略的归纳和综述，因此并没有权威的关于中国现有哪些国家战略的说法。笔者认为，可以做狭义国家战略和广义国家战略的区分。狭义国家战略指中共中央或国务院文件中曾明确提出或指称的国家战略，是严格意义上的国家战略；广义国家战略，则可把中共中央和国务院确定的任何事关全局的各种长期构想、计划和措施都称为国家战略。按照这样的定义，“一带一路”并非严格意义上的国家战略，因为国家从来未称为“战略”而是称为“倡议”；但广义地，因为这是国家

确定的行动构想和计划，民间也常常称为战略。同样按照这样的定义，上海自由贸易试验区等各个自贸试验区本身均非狭义上的国家战略，因为国务院确定的各类试验区、示范区等都是在试验、示范阶段，还不是确定的东西。但国家在各地推行自由贸易试验区这个确定的行动措施应该是国家战略，因此上海自由贸易试验区等各个自贸试验区本身均为国家自由贸易试验区战略的部分内容。同样按照这样的定义，国务院批准的各类区域和产业规划也都是广义上的国家战略。

广义地梳理国家战略，创新驱动、人才强国、“走出去”、“一带一路”倡议、扩大内需、自由贸易试验区、长江经济带、长江三角洲区域一体化发展、京津冀协同发展、粤港澳大湾区建设、黄河流域生态保护和高质量发展、推进海南全面深化改革开放、乡村振兴等均为国家战略，对2020—2030年开放型经济的发展均具有重要意义，各城市发展开放型经济必须积极主动地深入融入这些国家战略。

创新驱动战略，是2012年底召开的党的十八大明确提出的。1978年3月，中共中央召开全国科学大会，指出四个现代化的关键是科学技术的现代化，科学技术是生产力，迎来了科学的春天；1988年，进一步提出“科学技术是第一生产力”；1995年5月，中共中央、国务院颁布《关于加速科学技术进步的决定》，首次提出在全国实施“科教兴国”的战略；2007年，党的十七大报告指出“提高自主创新能力，是国家发展战略的核心”。从战略的沿袭历程看，战略的核心“科学技术是第一生产力”始终没变，但随着经济社会的发展，实践中对推进科学技术发展的现实意义有了更深切的体会。对于中国各一线、二线城市而言，对中国未来的发展要靠科技创新驱动，而不是传统的劳动力以及资源能源驱动，已经有了清晰的了解，创新驱动已经从1978年就已经知晓的理论结论转变为现实需求和现实逼迫。

2001年，我国首次将人才战略确立为国家战略。2002年，中共中央、国务院制定下发了《2002—2005年全国人才队伍建设规划纲要》，首次提出了“实施人才强国战略”。2018年，习近平总书记强调：发展是第一要务，人才是第一资源，创新是第一动力[①]。2020—2030年的创新驱动战略，实际已经包含了人才战略。城市发展开放型经济的最重要资源已经从传统劳动力和土地上升为人才。为此，国家、省和各大城市均出台了人才政策和规划，对人才的争夺成为开放型经济的重要内容。

1992年，党的十四大报告首次提出“积极扩大我国企业的对外投资和跨国经营”，并在2000年确立“走出去”战略为国家战略。2003年以后，党的新一代领导集体加快实施“走出去”战略。进入新时代，党的十九大强调要以“一带一路”建设为重点，坚持引进来和走出去并重，遵循共商共建共享原则，加强创新能力开放合作，形成陆海内外联动、东西双向互济的开放格局。在2020—2030年，城市开放型经济必须在融入跨国公司境外供应链、积极鼓励境外高科技并购参股、深入开拓国际市场等方面积极作为，务求实效。

2013年9月和10月，我国提出建设“新丝绸之路经济带”和“21世纪海上丝绸之路”的合作倡议。“一带一路”倡议提出以来，我国上下同心，实质性深入实施的力度空前强大，在地缘政治塑造、战略交通建设、国际产能合作、外汇资金使用、国际工程承包等领域取得丰硕成果。在2020—2030年，积极参与“一带一路”建设是城市发展开放型经济的必要内容，各城市应该在融入跨国公司境外供应链、深入开拓国际市场等方面下足功夫。

长江经济带、长江三角洲区域一体化发展、京津冀协同发展、粤港澳大湾区建设、黄河流域生态保护和高质量发展、推进海南全面深化改革开放等战略都是区域发展规划和战略，其中，长江经济带、长江三角洲区域一体化发展、京津冀协同发展、黄河流域生态保护和高质量发展等战略虽然非常重要，却并没有争取到多少国家的政策支持；而粤港澳大湾区建设则获得了10多项国家的政策支持；海南全面深化改革开放战略获得了近60条国家的政策支持，这些政策中“离岸收入免税”“ 进口原辅材料增值30%后内销免

① 习近平：发展是第一要务，人才是第一资源，创新是第一动力，新华网，2018-03-07，www.xinhuanet.com/politics/2018lh/2018-03/07/c_1122502719.htm。

税”“允许理工农类境外大学独资设立大学”等10多条政策的“含金量”超乎想象。

当前，在所有的国家战略中，乡村振兴战略是最容易被低估的。乡村振兴战略是党的十九大报告中提出的。其实现路径包括：重塑城乡关系，走城乡融合发展之路；巩固和完善农村基本经营制度，走共同富裕之路；深化农业供给侧结构性改革，走质量兴农之路；坚持人与自然和谐共生，走乡村绿色发展之路；传承发展提升农耕文明，走乡村文化兴盛之路；创新乡村治理体系，走乡村善治之路；打好精准脱贫攻坚战，走中国特色减贫之路。对开放型经济的发达城市而言，实施该战略可以通过集约化地使用农村建设用地资源来取得开放和创新的新突破。为此要开展精细化的镇村规划。例如，可以依山傍水、打造景观，为农民建设木结构、低成本、生态环保、配套光伏发电和储能、低密度优美的乡间住宅，同时通过集约建设节省出来的农村建设用地，建乡村人才住宅，可以引进各类基金、研发机构、商务服务、互联网服务等产业业态。目前，大面积地如此实施乡村振兴战略有很多困难，比如大多数村庄已经定型、如此优化镇村花费巨大等。无论如何，由于乡村振兴是国家大战略，因此在政治上是没有障碍的。而把实施乡村振兴战略与集约化地使用农村建设用地结合起来，是2020—2030年城市发展开放型经济的重要抓手。

第五节　发展国际最新技术

现代科学技术在人工智能、生物医药、量子计算、纳米材料、新能源、脑科学、虚拟和增强现实、航空航天、可控核聚变等领域均酝酿着重大突破。当美国和西方国家正铆足劲儿进行最前沿领域的科技攻关时，中国却正花费巨大的精力和财力投入“卡脖子”工程攻关中。为此，中国在建设开放水平更高、创新能力更强、附加价值更大的产业链、供应链和价值链以及进行“卡脖子”工程攻关的同时，不能减弱对当今世界最前沿技术的投入和攻关。城市开放型经济必须紧盯世界最新技术动向，进行相应的产业化布局。

中国的城市开放型经济以筑巢引凤的模式招引世界最新最前沿技术和产业是完全可行和有效的。苏州发展生物医药产业的实践充分证明这一论断。在改革开放前，苏州几乎没有任何医药工厂；20 世纪 90 年代末以后，苏州陆续引进礼来、葛兰素史克等十多个跨国公司的制药厂；2005 年后，苏州工业园区开始坚定地发展生物医药产业，具体措施是建立生物纳米科技园，该园 2005 年筹建，2006 年 3 月 22 日奠基，2007 年 6 月开园，开创了苏州工业园区生物医药产业链。在 2021 年 10 月 20 日开幕的 2021 中国生物技术创新大会上，国家科技部生物技术发展中心重磅发布《2021 中国生物医药产业园区竞争力评价及分析报告》，苏州工业园区生物医药产业综合竞争力位列全国第一。目前，苏州工业园区在生物医药领域集聚的创新型企业数量、国家级重大人才数量、一类新药临床批件数量、生物大分子药物总产能、企业融资总额等五项指标，连续三年均占全国 20% 以上，集聚生物医药企业近 2000 家。新药研发领域，园区已上市新药 15 个，累计获药物临床试验批件 484 张，66 个项目获国家重大新药创制支持。医疗器械领域，园区已获二、三类医疗器械注册证 1083 张，累计 17 个产品进入国家医疗器械创新产品审批“绿色通道”。近三年，园区每年引进生物医药项目超 200 个，独角兽企业 46 家，累计上市企业 21 家，40 余家企业已进入上市梯队，上市入库培育企业超 100 家。园区聚集了一批世界一流团队，包括中外院士团队 20 个、国家级人才工程入选者 80 位、各级领军人才超 1000 名，顶尖人才数占全国同类人才的比重达 25% 以上。园区成功构建全链条产业发展生态，加快建设国家生物药技术创新中心等重大平台，积极组建苏州市生物医药临床研究战略联盟，主动对接上海医药临床研究中心资源，打造中国医药创新与投资大会、中国医疗器械高峰论坛、医疗器械创新周等具有国际影响力的品牌展会。近年来园区生物医药企业每年吸引社会资本投资近 200 亿元，累计融资规模近 1000 亿元。我国在全球医药企业上市前融资排名前十的项目基本都来自园区。

追踪发展国际最新技术是一个艰苦的过程，需要耐得住寂寞、守得住初心。在 2016 年左右，在苏州 2005 年开始推动创新驱动的十年后，在杭州等城市涌现大批互联网应用的“独角兽”企业的高光时刻，苏州的“独角兽”企业寥寥无几。但 2018 年以来，苏州悉心培育的硬科技“独角兽”企业层出不穷，苏州的科创板上市公司远超杭州，位列全国第三。

追踪发展国际最新技术，除必须聚焦于产业发展外，还应该表现为充分运用最新技术手段来丰富城市开放型经济发展模式。例如，可以运用虚拟现实和增强现实技术来展示城市优势、提升城市旅游吸引力，可以运用人工智能来完善城市管理、建成城市 AI 应用平台，可以规划建设有利于特色工厂入驻的特色开发园区。特色开发园区要能够充分利用太阳能、水能或风能等绿色能源、提供超低价电价，要能方便使用 AI 技术和机器人、5G 通信等资源，要实现产城融合，要体现与马斯克等前卫企业家的实践相匹配的思想。

2020 年 1 月苏州市政府推出的《苏州开放创新合作热力图》，是运用最新技术手段来推进城市开放型经济发展的成功案例。《苏州开放创新合作热力图》引入地理信息“一张图”技术，在苏州市电子地图中集成投资考察、平台载体、产业用地、投资合作四大业务数据。至 2021 年底，已能提供如下的投资指引：8 种投资考察类别、141 条投资考察线路、691 个考察点；44 种招商类型、404 个总计 2108 万平方米平台载体；33 种产业类型、45 个区域、66.42 平方千米可供产业用地、5.61 平方千米已供产业用地；207 个投资合作招引项目、847 项合作机会信息；4644 个产业链合作企业、4052 条供给信息、3563 条需求信息；2434 个人才创新合作空间、平台、服务；59 个现代农业园、162 条供需信息、1137 个乡村产业、289 条供需信息；159 个苏州特色人文元素、166 个对日韩宣传展示元素、84 个典型企业案例、42 个政策机制。

第六节　坚持以开放推动改革

以开放推动改革，主要是对标国际规则，在扩大开放中寻求深化改革的机遇和路径，渐进地破除体制机制障碍，积极探索与开放型经济高质量发展相适应的体制机制，不断积极地寻求可突破的领域，以制度型开放推动商品和要素流动型开放。

在对外经贸领域，可突破的方向包括以下几方面。

一、发展总部经济

特别是要取得跨国公司跨境财务结算中心、跨境采购销售中心、跨境投资总部以及跨国公司培训中心集聚性发展的突破。目前，这 4 类总部经济形态在中国都基本没有，需要在深化分析研究的基础上努力实现其在中国若干城市的集聚性发展。

1. 发展跨境财务结算中心

本书第五章第十节已经进行了专门论述。

2. 发展跨境采购销售中心

首先，应争取跨境财务结算中心的落户，在此基础上，实现跨境资金流和货物流的匹配发展。其次，要营造离岸贸易可预见和稳定发展的政策环境。如果不能稳定地、可预见地做离岸贸易，跨境采购销售中心就不可能落户。

3. 发展跨境投资总部

总体而言，中国对设立跨国公司跨境投资总部并没有限制性政策和体制机制障碍。但由于中美贸易摩擦的深化，美国、欧盟等西方国家对来自中国的投资采取了强化审查等歧视性措施。因此一般看来，跨国公司并无以中国的投资子公司名义执行境外投资的动机。但实际可能并不完全如此。由于中国在第三世界国家以及“一带一路”沿线国家和地区具有好的声誉，跨国公司也可能愿意以中国子公司的名义对这些国家投资。特别地，美国正力推让全球设立跨国公司最低税率，该措施将严重打击维京群岛、毛里求斯、中国香港、新加坡等自由岛对于跨国公司跨境投资总部的吸引力，使得中国对于跨国公司跨境投资总部的吸引力相对上升。最后，由于海南岛有一个特殊政策“对在海南自由贸易港设立的旅游业、现代服务业、高新技术产业企业，其2025年前新增境外直接投资取得的所得，免征企业所得税。”因此，海南岛可能成为跨国公司跨境投资总部的首选地。

4. 集聚跨国公司培训中心

跨国公司在年度预算中，总会拨出一定资金用于员工培训。目前，跨国公司的培训往往是在世界各地的五星级宾馆进行，资金耗费很大。因此，设计环境优美、与产业旅游相匹配的专门园区，让跨国公司在园区内设立常年培训中心，对于跨国公司应该具有吸引力。

二、发展服务贸易

我国制造业的发展得益于贸易引领的全球化、得益于大力发展加工贸易。正因如此，可以说中国制造业的发展须归功于贸易引领。发展国际服务贸易必须认真吸取贸易引领制造业发展的经验，争取通过大规模的服务出口，来引领服务业的发展。目前，在国际服务贸易中，软件、工业设计、影视制作、游戏、教育、咨询、因特网应用、知识产权、国际维修等领域均涌现出一批竞争力强的企业。2020—2030年的城市开放型经济必须大力支持服务贸易和服务贸易企业的发展。

三、推行内外贸一体化

本章第三节已经阐述了内外贸一体化改革应该进行的 4 个方面的探索。

四、发展跨境电子商务

从实践上看，目前，世界上并没有任何国家的政府和国企正在尝试建立一个电子世界贸易平台；已经和正在建设运营电子世界贸易平台的都是私人公司，亚马逊、eBay 以及阿里巴巴国际站其实都是 Electronic World Trade Platform（e-WTP），只不过亚马逊做得最成功。中国包括杭州在内的所有城市的地方政府都没有尝试建立可交易的电子世界贸易平台，国务院已经批准的跨境电子商务综合试验区所对应的城市所做的事情主要是帮助企业发展跨境电商业务，为此试点城市都会搭建一个跨境电商综合服务平台。

目前，发展跨境电商存在的一个问题是对各城市跨境电商发展状况的认识模糊、对跨境电商各项业务的概念不清。许多人笼统地以为杭州、深圳、宁波、郑州的跨境电商做得好，其实杭州是 B2B 业务领先，深圳是 B2C 出口领先，宁波市和郑州是 B2C 进口领先。许多人看到杭州声称跨境电商进出口 150 亿美元、其他城市只有十多亿美元，以为杭州跨境电商进出口远远超过其他城市。其实，杭州声称的跨境电商进出口 150 多亿美元基本都是 B2B 进出口，由于海关并无 B2B 进出口报关方式，因此任何一般贸易进出口都可以被说成是 B2B 进出口，只要企业认为该笔订单来源于网络成交。这也是最近深圳敢于说跨境电商进出口达到 600 多亿美元的原因。如果一个一般贸易进出口超过 1000 多亿美元的城市统计自已的跨境电商进出口只有十多亿美元，这只能说明该城市低调、谨慎、务实，但目前有可能被指摘为跨境电商发展落后。

与不存在 B2B 进出口报关方式不同，海关存在 B2C 进出口报关方式。也因为此，跨境电商统计数据中，海关统计的 B2C 进出口是客观的、可比较的。相信根据海关统计，杭州、宁波、郑州的 B2C 进口量都是领先的，因为网易严选等 B2C 进口交易平台在这三个城市有大量的进口报关。但这三个城市的 B2C 出口量都不大。必须指出，B2C 进口对城市发展的贡献并不大，一是进口环节的税收都是中央税，地方没有分成；二是进口产品对本地 GDP 不但没有贡献，反而还因消耗本地购买力而起负面作用；三是进口平台企业提供的就业岗位非常有限，收入也不高。

与 B2C 进口不重要不同，B2C 出口意义重大，是发展跨境电商真正需要全力支持的业务。一是因为 B2C 出口能切实带动地方经济发展。B2C 出口就是完整的 GDP 金额和私人财富；二是因为 B2C 出口是全新的业务类型。B2C 出口在购买对象、市场营销、支付方式、运输等方面都与传统外贸完全不同。传统出口针对的是境外进口商，而 B2C 出口是我国企业直接面对境外 C 端消费者；传统出口基本只需按客商要求打样、制作、发运，基本并不了解境外市场的真实情况，而 B2C 出口则需进行自主的市场营销；传统出口的支付方式是信用证、银行托收等传统方式，而 B2C 出口则需自己或者通过亚马逊等平台公司直接收取消费者付款，第三方支付公司往往在其中发挥关键作用；传统出口的运输是按客户指引进行大单运输，而 B2C 出口基本是小批量，经常会通过邮包快递，也常常会批量发运到海外仓，再由海外仓邮寄到消费者。三是因为对 B2C 出口，海关有对应的报关方式，因此统计准确，真正具有可比性。

必须指出，在 B2C 出口中也有很多个人和企业选择不经过海关报关的邮包出口方式。该方式由于出口收入未进入税务局软件系统，因此不但便利，而且有利于避开所得税。深圳 B2C 出口中有大量的此类情形。对这些 B2C 出口的统计基本是按照邮包统计进行的估算，并不准确。

五、发展离岸贸易

离岸贸易，又可称离岸转手买卖，或离岸转口贸易，指的是一个独立关税区的贸易中间商以经销或者代理的方式将境外货物销售给贸易商所在地以外的其他独立关税区的一种转手商贸活动。离岸贸易与在岸转口贸易有两个区别：一是离岸贸易的货物标的不经过本独立关税区直接运到目的国或地区，而在岸转口贸易需经过本关税区；二是离岸贸易的买进再卖出的主体是本关税区的法人，而在岸转口贸易的买卖主体不一定在本关税区。典型的离岸贸易是：中国企业从印尼购买镍矿直接运到日本卖给日本进口商。

离岸贸易有制造厂离岸配套出口模式、跨国公司采购销售中心模式和贸易投机模式等 3 种模式。

制造厂离岸配套出口模式：是制造企业在出口自身制造的产品时配套采购出口境外相关产品，并将境外采购的配套产品直接运至进口商的模式。

跨国公司采购销售中心模式：是跨国公司采购销售中心依托自身对采购和销售产品的深刻了解而进行的国际间离岸贸易模式。

贸易投机模式：是企业利用上下游信息不对称或者运用资源优势在各国际企业间买卖货物获取差价的离岸贸易模式。

目前，我国发展离岸贸易主要存在 3 大瓶颈。一是税收瓶颈。我国对离岸贸易按 25% 的税率征收所得税，比香港、新加坡等离岸中心高十个百分点。二是外汇瓶颈。在离岸贸易中，资金流、订单流和货物流往往是分离的，但我国的外汇管理是建立在适应一般商品贸易的三流一体的基础上，在付货款额度预收、离岸与在岸账户监督管理、离岸贸易项目佣金支付以及提供付汇单证等事项上均有严格管制。虽然外汇管理部门允许部分企业开展离岸贸易的收付汇，但由于离岸贸易的真实性难以判定，外汇管理部门往往会依据宏观的外汇流入流出状况，对离岸贸易结算银行进行“窗口指导”，从而在某些特定时期内实际上暂时禁止开展离岸贸易。三是离岸贸易真实性审核瓶颈。银行承担着离岸贸易活动真实性审核的主要责任，监管压力大。但银行仅能凭企业提交的单据进行形式上的表面逻辑性审核，无法保证离岸贸易的真实性。由于大部分离岸贸易业务都涉及信用证质押融资贷款，商业银行的真实性审核瓶颈，其实也是离岸贸易的融资瓶颈。

由于以上真实性审核瓶颈和外汇瓶颈，离岸贸易在我国没有稳定经营的环境，企业对自己开展的离岸贸易业务是否能顺利完成缺乏可预见性。

发展离岸贸易的措施建议：

（1）营造稳定可预见的离岸贸易发展环境。

（2）大力发展制造厂离岸配套出口模式，鼓励发展跨国公司采购销售中心模式，允许发展贸易投机模式。

（3）扶持目前已经存在的离岸贸易重点企业。制定离岸贸易经营企业白名单制度，对白名单上的离岸贸易企业在监管上采取事前形式性审核的措施，允许试点企业仅提供电放提单或采取（电放提单 + 货权佐证）模式。

（4）建设离岸贸易综合服务平台。采用科技创新手段识别离岸贸易活动真实性，探索区块链技术在离岸贸易业务中的应用。寻求与在国际上占据较大市场份额的仓储公司合作，请他们验证大笔离岸贸易的仓单真实性以及货物真实性。开展国际海关合作和数据交换，验证大笔离岸贸易的真实性。

（5）政府派出团组或委托第三方调查公司，用抽样调查的方法，去境外实地调查离岸贸易的真实性。对虚假离岸贸易给予严厉查处，对开展虚假离岸贸易企业给予禁止开展离岸贸易的处罚。

（6）争取对离岸贸易收入按 15% 的税率征收企业所得税。

（7）海关试点接受企业的离岸贸易进出口报关。这样对虚假离岸贸易可以按走私予以严厉打击。

第七节　打造开放创新的鲜明特色

本书第四章第七节“以开放推动创新”、第七章第五节“大力推进开放创新”、第七章第七节“吸引高校和科研院所集聚”、第七章第八节“吸引人才集聚”、第八章第七节“推进科技招商”、第八章第八节“发展创业投资和股权投资”、第九章第三节“科技教育问题”以及第十章第五节“发展国际最新技术”，都是论述开放型经济下的创新驱动问题。之所以要如此大篇幅地、多角度地、认真细致地、反复深入地讨论创新驱动，一是因为创新确实是与开放不同的经济发展驱动力，而且是第一驱动力；二是因为本书阐述的开放型经济原理是以经济全球化为传播动力，而经济全球化必然带来科技、文化和思想的全球化。全球化背景下的科技创新必然反映开放的驱动力；三是开放创新不仅包含以开放推动创新的意思，也不仅包含第七章第五节所阐述的开放式创新的意思，还包含独立的“开放创新”名词的意思，即“开放创新”既非“开放”也非“创新”，而是二者的混合体，是一种“杂交”产生的新的驱动力。因此，把开放创新打造成开放型经济的鲜明特色，是2020—2030年城市开放型经济的“高端任务”。

开放创新的企业主体是面广量大的科技中小微企业，这些企业在发展的前期对地方财税收入和就业方面的贡献微乎其微，不符合本书第八章第一节对招商对象价值评估的改变中的两条价值评估的要求，但作为打造开放创新鲜明特色的城市开放型经济应该把此类无地方财税收入和就业贡献的中小微企业列为支持对象。地方政府必须培育自己对于创新创业项目和企业的“火眼金睛”，对于科技中小微企业中确有前途、可能以本地为注册地在交易所上市的企业，在供地、资助、扶持等方面给予优先和倾斜。

目前，对于中国大多数东部的开发区而言，都存在可建设用地资源短缺的问题。因此，开放创新不仅应该包含产业转型和产业升级，还需包含产业更新。产业更新是笔者 2021 年 10 至 11 月带队巡察苏州的江苏汾湖高新技术产业开发区时耳熟能详的名词，它类似名词“城市更新”，表示产业更新中涉及对原有旧企业的淘汰或搬迁。根据国务院批复，江苏汾湖高新技术产业开发区地处长三角生态绿色一体化发展示范区的先行启动区，该区既需体现长三角一体化发展的先行成果，又需提高生态绿色的质量，因此发展中几乎没有新增建设用地。由于汾湖高新区原来有数千家喷水织机、彩钢板净化、鞋业等低端企业，这些企业中的大多数并没有产业转型和产业升级的愿望和可能，因此只能通过产业更新来实现开发区的转型升级。产业更新中，原有旧企业淘汰或搬迁后的建设用地将成为高税收企业、高收入就业岗位创造企业以及确有前途的科技中小微企业的建设用地。

总体而言，打造开放创新的鲜明特色包括：推动开放与创新互动发展。建设高水平科技创新载体，加强关键核心技术攻关，打造一流创新能力，加强国际知识产权交流与保护，建立政府产业和科技招商基金，做大做强地方政府的创业投资和股权投资国企，集聚国际高端发展要素，主动融入和布局全球创新网络，营造开放包容创新生态，招引全球创新企业、创新载体、高端人才和科技金融资源，打造国际化创新高地。培养大师级人才。持续实施企业创新国际化工程。

2020—2030 年的城市开放型经济需为培养大师级人才做贡献。为此，城市的中小学学校应设计培训课程，瞄准教育部认可以及国际著名的几大赛事，在奥林匹克数学、物理、化学、信息学、地球科学竞赛以及人工智能、信息技术、机器人、无人机、作文、绘画书法、航模、体育等领域培养竞赛人才，加强与境外学生的互动交流，为孵育大师级人才创造优良环境。将来城市孵育出的大师级人才或许不在本城市工作，但也可能为本城市带来开放创新的成效。

第八节　建设国际化城市

关于国际大都市，并没有形成公认的定义，目前国际上有代表性的定义主要是强调国际化大都市必须有全球影响力。这种影响可以表现在经济、政治、文化、科技等方面。

英国地理学家、规划师彼得·霍尔认为，国际大都市应具备以下特征：

（1）主要的政治权力中心；

（2）国家的贸易中心；

（3）主要银行的所在地和国家金融中心；

（4）各类人才聚集的中心；

（5）信息汇集和传播的地方；

（6）不仅是大的人口中心，而且集中了相当比例的富裕阶层人口；

（7）随着制造业贸易向更广阔的市场扩展，娱乐业成为世界城市的另一种主要产业部门。

美国学者米尔顿·弗里德曼认为，国际大都市应具备以下特征：

（1）主要的金融中心；

（2）跨国公司总部所在地；

（3）国际性机构的集中地；

（4）第三产业的高度增长；

（5）主要制造业中心；

（6）世界交通的重要枢纽（尤指港口与国际航空港）；

（7）城市人口达到一定标准。

此外，还有一些观点认为，国际大都市应该有向外延伸的经济腹地，有连绵的城市群；第三产业高度发达，综合服务功能强；有现代化的公用事业、高楼大厦和生态环境。

现今世界公认的国际大都市有纽约、伦敦、巴黎、东京、香港五大城市。笔者给国际大都市下的定义是：国际大都市是全世界人流、资金流、货物流、信息流汇集的、具有全球影响力的、提供完善的公共服务的大城市。相应地，笔者可以定义国际化城市为：国际化城市是全世界人流、资金流、货物流、信息流汇集的、提供完善的公共服务的城市。

也就是说，国际化城市与国际大都市的共性特征是全世界人流、资金流、货物流、信息流汇集的城市，差别在于：国际大都市必须具有全球影响力，必须是大城市，并且人流、资金流、货物流、信息流的强度必须更大。

按照这样的定义，我国大多数城市都能建设成为国际化城市。因为就硬件设施而言，我国大多数城市都能提供完善的公共服务。问题是我们的城市是否能汇集充分的国际人流、资金流、货物流和信息流。而汇集充分的国际人流、资金流、货物流和信息流的基础是发展开放型经济。

对一个开放型经济发达的城市而言，货物进出口的发达已经表明货物流的满足。而有了货物流就必然产生进出口支付项下的资金流；而如果城市在吸引外资和境外投资方面产生一定规模，还会产生投资项下的国际资金流。有了进出口和国际投资，便有了与实体经济运行相对应的资金流。对于一般的国际化城市而言，这样的与实体经济运行相对应的资金流已经够了。但对于国际大都市而言，仅仅与实体经济运行相对应的资金流还不够，还必须有与虚拟经济相对应的资金流，这种资金流往往与股票、期货和债券市场等资本市场和交易所相对应。由于国家级股票、期货和债券市场只能有有限的几个，所以国际大都市的数量也必定是非常有限的。

人流主要是指城市的常住人口和流动人口。常住人口的数字表明城市接纳就业的能力，而流动人口的数字直接表明城市的开放程度。此外，城市中具有本科以上学历的人数、从业人员中硕士和博士占比、高层次人才数也是衡量城市国际化的重要尺度。而最能直观揭示城市国际化程度的，是城市中各国家、各民族人群的存在。国际大都市往往都是移民之城，都有各国家、各民族人群相对集中的居住地。国际大都市吸引外国企业、外国留学生、外国专家和外国人才移民的能力，最典型地反映城市的国际化特征。国际大都市外籍人口的比例，存在 5%、8%、15%、20% 等 4 种不同的说法。以最低的 5% 计算，一千万人口的城市必须拥有 50 万常住外籍人士。从 1820 年到 1920 年，有 1130 万移民从世界各地来到纽约，为纽约超越伦敦成为世界最大的城市提供了人力资源。1965 年以来，每年仍有 75000 人获准移居纽约，而外国留学生和暂住型职业人士更是源源不绝。

信息流的内容很多，包括各种思想和思潮、政治经济军事金融信息、科学技术知识和最新进展、文化、艺术和休闲娱乐。会展经济是以信息的输出输入为主要内容，因此也是国际化城市的必然之选。据说，一个国际大都市，每年至少要举办 150 次以上由 80 个国家和地区参加的国际会议。巴黎的国际会议更是多达 300 多个。除会展经济外，国际大都市的服务业在其国民生产总值中所占的比重都在 70% 以上。商务服务，通信服务，建筑和相关工程服务，分销服务，教育服务，环境服务，金融服务，健康服务，旅游服务，娱乐、文化和体育服务，运输服务以及其他服务都是国际化大都市的强项。

一个城市既然选择了开发型经济发展模式，就要有决心建设国际化城市。从上面关于国际化城市和国际大都市的讨论和比较可见，尽管国际大都市的门槛标准很高，但国际化城市并不稀奇。中国二线城市、三线城市都有机会建设国际化城市，只要这些城市大力发展开放型经济，下大决心和力气汇集国际人流、资金流、货物流、信息流，就可以无愧于国际化城市的称号。

在中国，国务院文件明确指出建设国际化大都市的城市是北京、上海和西安。中国的其他城市如果暂不提建设国际化大都市，亦可以建设国际化城市。拿苏州而言，至少有两任江苏省委书记提出过苏州应该建设国际化大都市。但苏州总觉得这个目标有点高，没有提出来实施。实际上，既然上海已经非常明确地要建设现代化国际大都市，那么苏州也可以提出建设国际化都市。既然上海使用了现代化作为国际大都市的修饰，苏州可以考虑特色化地使用产城融合、中西合璧、古韵今风作为定语，即：苏州应该建设产城融合、中西合璧、古韵今风的国际化都市。中国的其他城市也都可以特色化地建设国际化城市。这里完全可以显示中国城市的自信，没有必要自惭形秽。提出建设国际化城市的好处是：城市可以更加自觉地发展开放型经济，并真正地以全球化的视野布局开放型经济。

第九节　追求对外开放的安全可控

本章开篇的叙述可以表明，2020—2030 年，由于美国对中国的政策在总体竞争和遏制下的不同变化，我国开放型经济面临的风险和挑战因素将明显增多。为了保证立于不败之地，发展开放型经济必须准备好面对最坏的局面，追求对外开放的安全可控。

准备好面对最坏的局面，必须牢记西方跨国公司一定会尝试将供应链大规模从中国向东南亚、南亚等地区转移。此种尝试能否成功，主要取决于东南亚和南亚国家有无适当的发展开放型经济的战略策略。对我国而言，最严峻的局面是印度成功地复制中国制造业发展的模式。因为，如果印度成功地发展开放型经济，则凭借匹敌中国的人口规模和远胜于中国的人口红利，印度能取代中国的世界工厂地位，从而动摇中国经济之基础。印度成功地发展开放型经济必须在基础设施和市场环境建设等方面克服软肋。按最好的情形预计，印度要想在基础设施和市场环境建设方面接近中国，需要至少十年的时间。因此总体而言，印度人的收入水平在十年内不可能超过中国。但由于印度的外部环境明显好于中国，西方跨国公司也希望尽力扶持印度，因此印度会在低端传统产业上逐渐接近中国。如果充分借鉴苏州开放型经济的发展模式，印度甚至可能会在电子信息产业上接近中国，从而取代中国成为最大的外汇净流入国，并复制中国一十年代的奇迹，实现与中国的充分竞争。有鉴于此种最严峻的局面，中国必须在高端、中端、低端产业上全面发展、全面竞争：力争在高端产业上拉开与印度的距离；在中端产业上与印度积极竞争；在低端产业上不放弃控制力，要与东南亚、非洲、拉丁美洲等国开展国际产能合作，通过境外投资降低成本、维持竞争力。要积极促进在一些城市发展以“开放创新”为鲜明特色的城市开放型经济发展新模式。

即使面对最坏的局面，中国也能实现对外开放的安全可控，因为改革开放 40 多年来构建的中国开放型经济坚实的整体框架已经为此提供了基础保障：中国已经形成的世界第 2 大消费市场是中国发展高端产业并保持中端产业竞争力的基础保障；中国成为 WTO 影响力巨大的成员国以及中国已经签署的以 RCEP 为代表的多、双边区域自由贸易协议是中国打破封锁、全面参与国际竞争的基础保障；市场竞争、国际比较利益以及全球化是中国开放型经济不会更坏，还能向前进位的基础保障；中国红色供应链的效率高于非中国供应链，是中国经济保持欣欣向荣和具有强大韧性的基础保障。

有了以上的基础保障，只要决策英明，不犯明显错误，就能立于不败之地。

第十节　开启现代化建设新征程

2020 年，我国已经全面建成小康社会。全国人民总体上对我国已经全面建成小康社会是没有疑义的，因为我国已经实现了社会安宁和生活安康。从量化指标而言，国家统计局在 2018 年制定了《全国全面建成小康社会统计监测指标体系》，从经济发展，人民生活，防范化解重大风险、精准脱贫、污染防治三大攻坚，民主法治，文化建设，资源环境等 6 个大方面监测小康社会的实现情况。该指标体系的第一项指标为人均 GDP 按 2010 年不变价大于等于 58000 元，实际 2020 年中国实现人均 GDP 72447 元，远超过 58000 元的检测指标，更超过了 1 万美元的门槛，达到 10504 美元。因此量化来看，我国已经全面建成小康社会也是没有疑义的。但稍有遗憾的是，尚有 15 个省的人均 GDP 没有达到 58000 元。

按照党的十九大确定的目标，我国计划于 2035 年基本实现现代化，并于 2050 年实现现代化。基本实现现代化和实现现代化的量化指标目前还很难确定，但核心指标一定仍然是人均 GDP。

国际上衡量经济发展程度的最核心指标是人均 GDP。目前人均 GDP 超过 1 万美元、2 万美元以及 3 万美元或 4 万美元都能对应经济发展的不同阶段。考虑到全球人均 GDP 为 11082 美元，沙特阿拉伯为 19937 美元、韩国为 31495 美元、日本为 40138 美元、美国为 63415 美元；考虑到 GDP 翻番的难度，笔者大致认定基本实现现代化的核心指标是人均 GDP 2 万美元，实现现代化的核心指标是人均 GDP 4 万美元。

一、基本实现现代化面临6大不利因素

（1）人均 GDP 从目前的 10504 美元上升到 2 万美元中间要经过 12000 美元的中等收入陷阱，而世界上陷入中等收入陷阱的国家有阿根廷、巴西、马来西亚、泰国、土耳其、墨西哥等；而成功跨越中等收入陷阱的除匈牙利、捷克、希腊、波兰、斯洛伐克等东欧国家，阿联酋、科威特、沙特阿拉伯等资源型国家，特立尼达和多巴哥、乌拉圭等风光海岛国家外，仅有新加坡、日本、韩国、以色列等国家和地区。

（2）中国的人口红利开始转向为负值。我国 1963 年出生的人口最多，随着 2023 年的到来，这批人的退休将标志着中国劳动人口将逐年大幅下降，此必将极大地影响中国的经济发展。

（3）美国及其盟友开始尽全力打压中国。受到遏制的中国科技对于经济增长的推动力将难以强劲；受到打压的中国净出口对于经济增长的推动力也将减弱；向境外的产能转移将直接削减中国的 GDP。

（4）房地产对于经济增长的推动力将大幅降低。

（5）“碳达峰”和“碳中和”对 GDP 有负面影响。

（6）美元对于中国货币宽松的推动作用可能转向负值。改革开放 40 多年来，中国政府通过强制结汇政策购进大量美元，释放了大量人民币，造成了货币政策的宽松，极大地促进了经济发展。随着中美贸易摩擦激化，中国获得美元的机遇将减少。由于美国今后数年存在收紧货币政策的趋向，中国的货币政策也将有所紧缩。

二、基本实现现代化有6大有利因素

（1）中国有共产党的领导。政治优势和体制优势明显。

（2）中国人均 GDP 已经接近 12000 美元。有望挟 40 多年高速增长的动能，一举突破中等收入陷阱。

（3）中国人才红利仍将延续。中国每年毕业的博士、硕士以及本科生的数量庞大，特别是工科学生众多，工程师红利巨大。

（4）中国已经发展出世界第二大消费市场。中国可以用庞大的市场来抵消敌手的遏制。

（5）碳达峰和碳中和过程中高速增长的光伏、风能、氢能产业将成为中国经济增长的强劲动力。

（6）中国已经有基本现代化的样板。作为中国的一般地级市，苏州等城市的人均 GDP 现已经达到 24000 多美元，基本达到率先基本实现现代化的水平。苏州工业园区的人均 GDP 已经超过 4 万美元。因此，基本现代化对中国并非遥不可及。

在 6 大不利因素和 6 大有利因素作用下，基本实现现代化的前景是高度可塑的。城市开放型经济在其中可以起关键作用。

供讨论的问题

1. 为何提出要坚守开放型经济的规模？出口创汇会重新变得特别重要吗？

2. 请叙述开放型经济的结构优化。

3. 如何推动国内和国际双循环的相互促进？为何说内贸支付方式的改革非常重要？

4. 城市应该积极融入哪几个国家战略？

5. 试述乡村振兴战略的意义。

6. 如何正确处理“卡脖子”技术攻关与发展国际最新技术的关系？

7. 为什么说跨境电子商务中应该特别重视 B2C 出口？

8. 试述发展离岸贸易与引进跨国公司跨境采购销售中心的关系。

9. 试述产业更新的概念及其意义。

10. 为何说人民币美元汇率与中国基本实现现代化息息相关？